독일어회화

100일의

기적

독일어회화 100일의 기적

지은이 안희철(Damian)
펴낸이 임상진
펴낸곳 (주)넥서스

초판 1쇄 발행 2019년 5월 20일
초판 9쇄 발행 2024년 10월 14일

출판신고 1992년 4월 3일 제311-2002-2호
주소 10880 경기도 파주시 지목로 5
전화 (02)330-5500 팩스 (02)330-5555

ISBN 979-11-90032-08-7 13750

www.nexusbook.com

100일 후에는 나도 독일어로 말한다!

독일어회화 100일의 기적

안희철 지음 · 강의

넥서스

나 ....는
독일어회화 100일의 기적으로
100일 뒤 반드시
독일어 초보를 탈출할 것이다.

독일어 회화를 잘하는 기적

독일어 수업 시간을 통해 꽤 높은 수준까지 독일어를 배웠음에도 불구하고 교실 밖에서 말문이 턱 하니 막히는 경우가 많습니다. 수업에서는 정석의 독일어를 배우지만 현실에서는 예측이 어려운 관용어, 구어체에서만 볼 수 있는 축약어, 듣지도 보지도 못한 감탄사, 무슨 뜻인지 알지도 못하는 불변화사 등이 난무하니까요. 아주 간단한 표현임에도 무슨 뉘앙스로 그런 말을 했는지 알기 힘든 경우도 많습니다. 이런 것들을 가르쳐줄 수업을 찾을 수 없고 교실 밖에서 지도해줄 사람을 만나지 못한 분들을 위해 본 도서는 ①기본이 되는 ②현지인의 독일어 회화를 안내해 드리고자 합니다.

① 쉽지만 기본이 되는 말하기

기본에서 벗어나 쓰지도 않을 말을 배울 필요는 없겠죠. 본서에서 다루는 모든 표현은 독일어 초급 중 가장 쉬운 레벨인 A1과 A2에 기초하여 1,000여 개의 핵심문장으로 구성되어 있습니다. 말하기 능력에서 가장 중요한 레벨이 바로 이 A레벨입니다. 그 기본에 충실한 회화 구문으로 자신의 회화 레벨을 업그레이드할 수 있습니다. 물론 알파벳부터 시작하는 책은 아니므로, 왕초보에게는 "나혼자 끝내는 독학 독일어 첫걸음" 책과 무료 인강으로 먼저 공부하시길 권합니다. 그리고 난 후 본서를 보신다면 훨씬 이해도 쉽고 활용 면에서도 자신 있게 말할 수 있을 것입니다.

② 현지인처럼 쿨하게 말하기

아무리 기본을 배웠다고 해도 클럽이나 학생식당, 길거리에서 사용되는 현지인의 회화를 이해하기란 힘이 듭니다. 교실에서는 들어보기 힘든 베를린과 뮌헨 등 현지에서 사용하는 독일어를 회화문 곳곳에 배치하였고, 가능한 한 한국어의 느낌과 병행해 이해하도록 직역보다는 의역으로 한국어를 병기하였습니다. 더불어 무료로 제공되는 저자 강의를 통해 현지인의 감각을 보다 깊이 있게 배울 수 있을 것입니다.

기적이란 기대할 수도 없던 일이 일어나는 사건을 의미합니다. 독일어 회화가 겁이 났거나 불가능하다고 좌절했더라도 100일의 다짐 속에서 매일 핵심 회화를 암기하고 입 훈련을 함께해 나간다면 기대할 수 없었던 그 기적이 일어날 것입니다. 생각해보면 우리가 원하는 기적은 그리 큰일은 아닙니다. 그저 현지 독일인들과 막힘없이 대화를 나누는 것이니까요.

자, 이제 시작해봅시다.

저자 안희철 Damian

독일어회화 100일의 기적 공부법

1 오늘의 표현 확인
이 문장만은 꼭 외워 주세요.

2 해설강의 듣기
저자 선생님의 해설강의를 들어 보세요.
어떤 상황에서 쓸 수 있는 표현인지,
어떤 뉘앙스인지 핵심을 콕콕 집어 알려 줍니다.

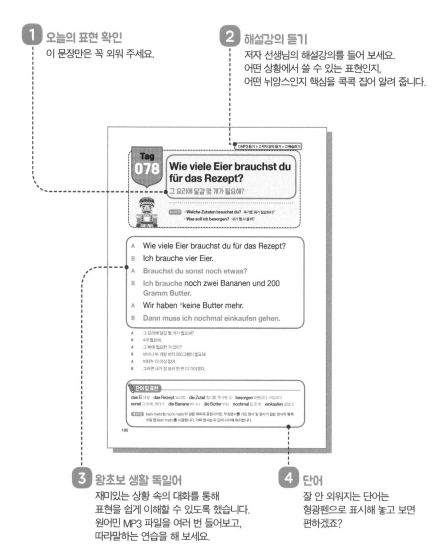

□MP3 듣기 ▶ □저자 강의 듣기 ▶ □복습하기

Tag 078
Wie viele Eier brauchst du für das Rezept?
그 요리에 달걀 몇 개가 필요해?

유사표현 · Welche Zutaten brauchst du? 추가로 뭐가 필요하지?
· Was soll ich besorgen? 내가 뭘 사 올까?

A Wie viele Eier brauchst du für das Rezept?
B Ich brauche vier Eier.
A Brauchst du sonst noch etwas?
B Ich brauche noch zwei Bananen und 200 Gramm Butter.
A Wir haben *keine Butter mehr.
B Dann muss ich nochmal einkaufen gehen.

A 그 요리에 달걀 몇 개가 필요해?
B 4개 필요해.
A 그 밖에 필요한 거 있어?
B 바나나 두 개랑 버터 200그램이 필요해.
A 버터는 더 이상 없어.
B 그러면 내가 장 보러 한 번 더 가야겠다.

단어 및 표현
das Ei 달걀 das Rezept 요리법 die Zutat 첨가물, 추가 재료 besorgen 마련하다, 구입하다
sonst 그 밖에, 게다가 die Banane 바나나 die Butter 버터 nochmal 또 한 번 einkaufen 장보다

꿀팁노트 kein mehr는 nicht mehr와 같은 의미의 표현이지만, 부정관사를 가진 명사 및 관사가 없는 명사와 함께
쓰일 땐 kein mehr를 사용합니다. 이때 명사는 두 단어 사이에 위치합니다.

186

3 왕초보 생활 독일어
재미있는 상황 속의 대화를 통해
표현을 쉽게 이해할 수 있도록 했습니다.
원어민 MP3 파일을 여러 번 들어보고,
따라말하는 연습을 해 보세요.

4 단어
잘 안 외워지는 단어는
형광펜으로 표시해 놓고 보면
편하겠죠?

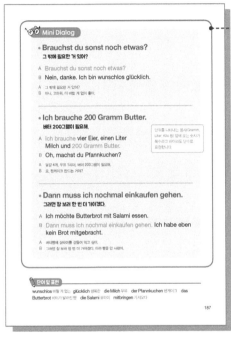

Mini Dialog

• Brauchst du sonst noch etwas?
그 밖에 필요한 거 있어?

A Brauchst du sonst noch etwas?
B Nein, danke. Ich bin wunschlos glücklich.

A 그 밖에 필요한 거 있어?
B 아니, 고마워. 더 바랄 게 없이 좋아.

• Ich brauche 200 Gramm Butter.
버터 200그램이 필요해.

A Ich brauche vier Eier, einen Liter
   Milch und 200 Gramm Butter.
B Oh, machst du Pfannkuchen?

A 달걀 4개, 우유 1리터, 버터 200그램이 필요해.
B 오, 팬케이크 만드는 거야?

• Dann muss ich nochmal einkaufen gehen.
그러면 장 보러 한 번 더 가야겠다.

A Ich möchte Butterbrot mit Salami essen.
B Dann muss ich nochmal einkaufen gehen. Ich habe eben
   kein Brot mitgebracht.

A 버터빵에 살라미를 곁들여 먹고 싶어.
B 그러면 장 보러 한 번 더 가야겠다. 마침 빵을 안 사왔어.

수량을 나타내는 명사(Gramm, Liter, Kilo 등) 앞에 오는 숫자가 복수라도 단어로 표현한다

단어 및 표현
wunschlos 바랄 게 없는 glücklich 행복한 die Milch 우유 der Pfannkuchen 팬케이크 das Butterbrot 버터가 발라진 빵 die Salami 살라미 mitbringen 가져오다

187

5 **핵심 표현 익히기**
본문에서 뽑은 핵심 표현입니다.
왕초보 탈출에 꼭 필요한 표현이니
꼭 외워 두세요.

· 100일의 기적 학습 진도표 ·

원어민 MP3와
저자 해설강의를 들어 보세요

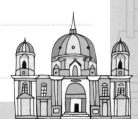

Tag 001

Wie heißt du?

이름이 뭐니?

유사표현 · Wer bist du? 넌 누구니?
· Was ist dein Name? 이름이 뭐예요?

A Wie heißt *du?

B Ich heiße Damian. Und du?

A Ich heiße Elena. Es freut mich, dich kennenzulernen.

B Mich auch. *Kommst du aus Deutschland?

A Ja, ich komme aus Deutschland. Woher kommst du?

B Ich bin Koreaner.

A 이름이 뭐니?
B 나는 다미안이야. 너는?
A 나는 엘레나야. 만나서 반가워.
B 나도 반가워. 너는 독일에서 왔어?
A 응, 나는 독일에서 왔어. 너는 어디서 왔어?
B 나는 한국 사람이야.

단어 및 표현

heißen ~라고 불리다   kennenlernen (처음으로) 알게 되다   kommen 오다   aus ~로부터
Deutschland 독일   woher 어디로부터   der Koreaner 한국인(남)

왕초보팁 본문에 나오는 회화는 친구 사이에 쓰이는 비존칭(du)으로 구성되었습니다. 만약 존칭(Sie)으로 대화하는 사이라면 Wie heißen Sie?, Kommen Sie aus Deutschland?로 바꾸어야 합니다.

• Es freut mich, dich kennenzulernen.

만나서 반가워.

A Hallo, Mein Name ist Monika.

B Hallo, Monika. Es freut mich, dich kennenzulernen.

A 안녕, 내 이름은 모니카야.
B 안녕, 모니카. 만나서 반가워.

> 만약 존칭으로 대화하는 사이라면 Es freut mich, Sie kennenzulernen.이라고 해야 합니다. 만나서 반갑다는 표현을 짧게 줄여서 표현할 때는 간단히 Freut mich!라고 해도 좋습니다.

• Woher kommst du?

너는 어디서 왔어?

A Woher kommst du?

B Ich komme aus Frankreich.

A 너는 어디서 왔어?
B 나는 프랑스에서 왔어.

> 국적이나 출신 도시를 묻는 표현입니다. 혹은 직접적으로 Kommst du aus Frankfurt?라고 물을 수도 있으며, 이 경우에는 Ja 혹은 Nein으로 답할 수 있습니다.

• Ich bin Koreaner.

나는 한국 사람이야.

A Bist du Chinese?

B Nein. Ich bin Koreaner.

A 너는 중국인이니?
B 아니. 나는 한국 사람이야.

> Ich komme aus Korea.보다 직접적으로 자신의 국적을 표현할 수 있습니다. 이때 관사를 쓰지 않고 표현해야 하며, 자신의 성별에 맞게 표현해야 합니다. 여자인 경우, Ich bln Koreanerin.라고 해야 합니다.

 단어 및 표현

Frankreich 프랑스   der Chinese 중국인(남)   die Koreanerin 한국인(여)

Tag 002

Wie geht es dir?
어떻게 지내?

유사표현
- Wie geht's dir so? 잘 지냈어?
- Wie geht's? 잘 지냈어?

A Hey! Wie geht es dir?

B Es geht mir super. Und dir?

A Mir geht es nicht so gut.

B Warum das?

A Ich fühle mich nicht gut.

B Das *tut mir leid.

A 야! 어떻게 지내?
B 너무 잘 지내. 너는?
A 나는 잘 못 지내.
B 왜 그래?
A 기분이 안 좋아.
B 그거 유감이다.

 단어 및 표현

wie 어떻게 gehen 가다 super 최고의 warum 왜 sich fühlen ~라고 느끼다

왕초보팁 Tut mir leid라는 표현은 상대방의 감정에 동조하며 '안타깝다', '유감이다'라는 뜻을 나타냅니다.

• Es geht mir super.
너무 잘 지내.

A Wie läuft's?

B Es geht mir super.

A 잘 지냈어?
B 너무 잘 지내.

> Es geht mir 뒤에 gut, sehr gut
> 등 여러 형용사를 사용하여 자신의
> 상태가 좋음을 표현할 수 있습니다.
> 또는 Es geht mir를 생략하고
> 형용사만 사용해도 좋습니다.

• Mir geht es nicht so gut.
나는 잘 못 지내.

A Mir geht es nicht so gut.

B Ruh dich erstmal gut aus.

A 나는 잘 못 지내.
B 일단 잘 쉬어.

> 자신의 상태가 좋지 않은 경우에도
> 'Es geht mir + 형용사'를 통해
> 표현할 수 있습니다. 예문에서는
> Mir가 도치되어 있는데 도치문의
> 경우 도치된 단어의 의미가 더
> 강조되는 효과가 있습니다.

• Ich fühle mich nicht gut.
기분이 안 좋아.

A Ich fühle mich nicht gut.

B Kann ich dir irgendwie helfen?

A 기분이 안 좋아.
B 내가 어떻게든 도울 방법이 있을까?

 단어 및 표현
_____

erstmal 일단, 먼저   sich ausruhen 쉬다   können 할 수 있다   irgendwie 어떻게 해서든지   helfen
도움을 주다

Tag
003

Was ist denn los?
무슨 일 있어?

유사표현 · Ist was passiert? 무슨 일 있었어?
· Was ist denn? 무슨 일이야?

A Mir geht es nicht gut.

B Was ist denn los?

A Ich habe zurzeit ganz viel Stress.

B Oje. Wie kann ich dir *helfen?

A Kannst du für mich diesen Brief wegbringen?

B Gerne.

A 컨디션이 별로야.

B 무슨 일 있어?

A 요즘 스트레스를 너무 많이 받아.

B 저런. 내가 어떻게 도와줄까?

A 이 편지 좀 부쳐줄 수 있을까?

B 물론이지.

 단어 및 표현

denn 도대체 los 풀어진; 떨어진 gehen 가다 haben 가지다 zurzeit 요즘 der Stress 스트레스
der Brief 편지 wegbringen 가져가다, 다른 곳으로 옮기다

왕초보팁 helfen 동사는 3격지배 동사로 목적어를 사용할 때 항상 3격(Dativ)과 함께 사용해야 합니다.

22

● **Ich habe Stress.**
나 스트레스받아.

A Ich habe Stress.

B Mach doch Sport. Das hilft bei Stress.

A 나 스트레스받아.
B 운동을 좀 해봐. 스트레스 푸는 데 도움이 될 거야.

> 스트레스와 관련한 다른 표현들도 함께 기억하세요.
> Ich stehe unter Stress.
> 난 스트레스 받고 있어.
> Mach dir keinen Stress.
> 스트레스받지 마.

● **Wie kann ich dir helfen?**
내가 어떻게 도와줄까?

A Wie kann ich dir helfen?

B Kannst du bitte meine Jacke aus der Reinigung abholen?

A 내가 어떻게 도와줄까?
B 세탁소에서 내 재킷을 가져다줄 수 있어?

> '가져오다', '데려오다'라는 의미의 abholen은 실생활에서 자주 사용되는 단어입니다. 대화문에서처럼 물건을 가져오는 것뿐 아니라 사람을 데려오기 위해 마중 나갈 때도 사용하죠.

● **Gerne.**
물론이지.

A Kannst du meinen Koffer tragen?

B Gerne!

A 내 트렁크 옮겨줄 수 있어?
B 물론이지!

> 기꺼이 즐거운 마음으로 하겠다는 표현입니다. Das mache ich doch gerne!라고 말할 수도 있습니다.

 단어 및 표현

machen 만들다; 하다　der Sport 운동, 스포츠　die Jacke 재킷　die Reinigung 세탁소; 청소
abholen 가져오다, 데려오다　der Koffer 트렁크, 여행용가방　tragen 운반하다

Tag 004

Magst du Kaffee?
커피 좋아해?

 · Was trinkst du gerne? 뭐 마시고 싶어?
· Bist du Kaffeetrinker? 너 커피 마실래?

A Ich kenne ein tolles Café in der Nähe.

B Oh, *magst du Kaffee?

A Ja, sehr gerne! Trinkst du auch gerne Kaffee?

B Nein, Kaffee ist mir zu bitter.

A Keine Sorge. Es gibt dort auch leckeren Kuchen.

B Na dann los.

A 이 근처에 좋은 카페를 알고 있어.
B 오, 커피 좋아해?
A 응, 정말 좋아하지! 너도 커피 마시는 거 좋아해?
B 아니, 난 커피가 너무 쓰더라고.
A 걱정 마. 거기에 맛있는 케이크도 있거든.
B 가자 그럼.

단어 및 표현

mögen 좋아하다 der Kaffee 커피 kennen 알다 toll 좋은; 멋있는 das Café 카페 in der Nähe 근처에 gerne 좋아하는, 즐겨하는 trinken 마시다 bitter 쓴 die Sorge 걱정, 근심 es gibt ~이 있다 lecker 맛있는 der Kuchen 케이크 Na dann los. 가자 그럼.

왕초보팁 mögen 동사의 동사 변화에 유의하세요.
→ ich mag / du magst / er mag / wir mögen / ihr mögt / sie mögen

24

 **Mini Dialog**

• Trinkst du auch gerne Kaffee?
너도 커피 마시는 거 좋아해?

A Trinkst du auch gerne Kaffee?

B Ja, aber ich trinke lieber Kakao.

A 너도 커피 마시는 거 좋아해?
B 좋아하지만, 코코아가 더 좋아.

> gerne, nicht gerne, lieber 등을
> 표현하면 자신이 좋아하는 것에
> 대한 여러 가지 표현이 가능합니다.
> 좋아하는 것이 있기는 하지만 특히
> 더 좋아하는 것이 있을 때 gerne의
> 비교급 lieber를 사용해보세요.

• Kaffee ist mir zu bitter.
난 커피가 너무 써.

A Ich liebe Kaffee am Morgen.

B Wirklich? Kaffee ist mir zu bitter.

A 나는 아침에 커피 마시는 게 너무 좋아.
B 정말? 난 커피가 너무 쓰던데.

> zu 다음에 형용사가 오면 대개
> 부정적인 의미로 사용됩니다. 또한
> bitter의 반대말로 süß가 있다는
> 것도 알아두세요.

• Keine Sorge.
걱정 마.

A Beeil dich! Wir verpassen noch den
Bus!

B Keine Sorge. Es ist noch genug Zeit.

A 서둘러! 우리 버스 놓칠 것 같아!
B 걱정 마. 아직 여유 있어.

> Keine Sorge는 Mach dir keine
> Sorgen의 축약형태입니다. 비슷한
> 말로 Keine Angst가 있습니다.

 단어 및 표현

lieber (gerne의 비교급) 더 좋아하는   der Kakao 코코아   der Morgen 아침   sich beeilen 서두르다
verpassen 놓치다   der Bus 버스   genug 충분한   die Zeit 시간

25

Tag 005

Was machst du in deiner Freizeit?

여가시간에 뭐해?

유사표현 · Wie verbringst du deine freie Zeit? 여가시간을 어떻게 보내?
· Was sind deine Hobbys? 취미가 뭐야?

A **Endlich frei! Was machst du in deiner Freizeit?**

B **Ich koche gerne.**

A **Ich höre gerne Musik. *Oder ich gehe ins Kino.**

B **Ich gehe nicht so gerne ins Kino. Es ist zu teuer.**

A **Isso... Isst du gerne Pizza? Ich kenne ein leckeres Restaurant.**

B **Lass uns gehen!**

A 드디어 끝이네! 너는 여가시간에 뭐해?
B 나는 요리하는 거 좋아해.
A 난 음악 듣는 걸 좋아해. 아니면 영화 보러 가든지.
B 나는 영화 보러 가는 거 그렇게 좋진 않던데. 너무 비싸잖아.
A 그러네... 피자 먹는 건 좋아해? 맛있는 레스토랑 알고 있는데.
B 같이 가자!

단어 및 표현

die Freizeit 여가시간 verbringen (시간을) 보내다 frei 자유로운 das Hobby 취미 endlich 드디어
kochen 요리하다 die Musik 음악 teuer 비싼 Isso. 그러네. lecker 맛있는 lassen ~하게 하다

왕초보팁 접속사 oder는 접속사 und와 마찬가지로 문장을 작성할 때 Oder gehe ich ins Kino.와 같이 쓰지 않도록
어순에 유의해야 합니다.

• Ich koche gerne.

나는 요리하는 거 좋아해.

A Was machst du gerne am Wochenende?

B Ich koche gerne.

A 주말에 뭐 하는 거 좋아해?
B 나는 요리하는 거 좋아해.

> gerne 혹은 gern(둘 다 완전히 같으며 바꿔 써도 무방함)를 통해 좋아하는 것을 말할 수 있습니다. 부사인 gerne의 사전적 의미로 '~를 즐겨하는'으로 해석하기보다는 '~하는 것을 좋아하다'라고 해석하는 것이 자연스럽습니다.

• Ich gehe nicht so gerne ins Kino.

나는 영화 보러 가는 거 그렇게 좋아하지 않아.

A Ich gehe nicht so gerne ins Kino.

B Ich gehe gerne ins Kino. Aber ich mag keine Konzerte.

A 나는 영화 보러 가는 거 그렇게 좋아하지 않아.
B 나는 영화 보러 즐겨 가는데. 근데 난 콘서트는 안 좋아해.

> 그다지 좋아하지 않는 경우 nicht gern(좋아하지 않는) 혹은 nicht so gern(그렇게 좋아하는 것은 아닌) 등으로 표현할 수 있습니다.

• Lass uns gehen!

같이 가자!

A Lass uns ins Kino gehen!

B Leider habe ich keine Zeit.

A 영화관 같이 가자!
B 아쉽게도 시간이 없어.

> 'lass uns + 동사원형'은 '~하자'라는 의미입니다. 만약 같이 행하고자 하는 대상이 1명이 아닌 여러 명인 경우 Lasst uns~라고 써야 합니다.

 단어 및 표현

am Wochenende 주말에   das Konzert 콘서트, 음악회, 연주회   leider 아쉽게도, 유감스럽게도

27

Tag 006

Wann ist dein Geburtstag?

생일이 언제야?

유사표현 · Wann hast du Geburtstag? 생일이 언제야?
· Am Wievielten hast du Geburtstag? 생일이 언제야?

A Wann bist du geboren?

B Ich bin im Juli geboren.

A In welchem Jahr?

B Im Jahr *1993.

A Also, wann ist dein Geburtstag?

B Der 31. Juli 1993. Ich bin Löwe.

A 넌 언제 태어났어?
B 난 7월에 태어났어.
A 몇 년도에?
B 1993년에.
A 그래서, 생일은 언제야?
B 1993년 7월 31일. 사자자리야.

 단어 및 표현

der Geburtstag 생일 gebären 낳다 der Juli 7월 welcher 어떤 das Jahr 연, 해 also 그러니까,
결국 der Löwe 사자

왕초보팁 1999년까지는 두 자리씩 끊어 읽고 2000년부터는 한꺼번에 읽습니다.

28

- **Wann bist du geboren?**
  넌 언제 태어났어?

A Mein Geburtstag ist bald!
B Wann bist du geboren?

A 내 생일이 다가와!
B 언제 태어났는데?

'태어났다'라는 표현은 동사 gebären의 분사형태(Partizip II)인 geboren을 통해 만듭니다. 의문사 wann 뿐 아니라 wo를 통해 Wo bist du geboren?(어디서 태어났어?)라는 표현을 할 수도 있겠죠.

- **Im Jahr 1993.**
  1993년에.

A Wann wurde Bill Clinton Präsident?
B Im Jahr 1993.

A 빌 클린턴이 언제 대통령이 됐지?
B 1993년에.

연도를 말할 때는 관사 없이 사용하거나 Im Jahr 2001 bin ich geboren.처럼 im Jahr를 앞에 붙여 사용합니다.

- **Ich bin Löwe.**
  난 사자자리야.

A Bist du Ende Juli geboren?
B Ja, also bin ich Löwe.

A 7월 말에 태어났니?
B 응, 그래서 사자자리야.

별자리를 물을 때 이렇게 표현하세요.
Was ist dein Sternzeichen?
별자리가 뭐야?

 단어 및 표현

bald 곧   der Präsident 대통령   das Sternzeichen 별자리

29

Tag 007

Haben Sie einen Termin?

예약하셨나요?

유사표현 • Haben Sie eine Reservierung? 예약하셨어요?
• Sind Sie angemeldet? 예약하셨어요?

A Guten Tag. Ich möchte bitte zu Dr. Nagler.

B Haben Sie einen Termin?

A Ja. Ich habe gestern angerufen.

B Aha. Frau Müller, richtig? Bitte hier entlang.

A 안녕하세요. 나글러 박사님을 만나고 싶습니다.
B 예약하셨나요?
A 네. 어제 전화 드렸어요.
B 아하. 뮐러 씨 맞으시죠? 이쪽으로 따라오세요.

 단어 및 표현

der Termin 예약 die Reservierung 예약 anmelden 신청하다, 예약하다 möchten 원하다 zu
~에게 gestern 어제 anrufen 전화하다 richtig 올바른 entlang ~을 따라

- **Ich möchte bitte zu Dr. Nagler.**
  나글러 박사님을 만나고 싶습니다.

A Wie kann ich Ihnen helfen?
B Ich möchte bitte zu Dr. Nagler.

A 어떻게 도와드릴까요?
B 나글러 박사님을 만나고 싶습니다.

> 이와 비슷한 표현도 함께
> 알아두세요.
> Ich möchte bitte mit
> Dr. Nagler sprechen.

- **Ich habe gestern angerufen.**
  어제 전화했었어.

A Ich habe gestern angerufen, aber du bist nicht
drangegangen.
B Entschuldige. Ich habe den ganzen Tag geschlafen.

A 내가 어제 전화했는데 안 받더라.
B 미안해. 하루 종일 잤어.

- **Bitte hier entlang.**
  이쪽으로 따라오세요.

A Ich habe einen Tisch für Zwei
reserviert.
B Bitte hier entlang.

A 두 명을 위한 테이블을 예약했어요.
B 이쪽으로 따라오세요.

> 전치사 entlang은 명사나 부사,
> 전치사구 등의 뒤에(간혹 앞에) 쓰여
> '~을 따라', '~가장자리로'라는
> 의미로 사용됩니다.

 단어 및 표현

sprechen 이야기하다   drangehen 전화를 받다   entschuldigen 용서하다   den ganzen Tag 하루 종일
schlafen 자다   der Tisch 탁자   für ~를 위한

Tag 008

Was hätten Sie gern?
무엇을 드릴까요?

유사표현 · Was kann ich Ihnen bringen? 무엇을 가져다드릴까요?
· Was kann ich für Sie tun? 무엇을 도와드릴까요?

A *Willkommen bei Schlemmer. Was hätten Sie gern?

B Was ist heute das Tagesgericht?

A Schweinebraten mit Spätzle.

B Das klingt lecker. Das nehmen wir zweimal.

A Und zu trinken?

B Zwei Spezis, bitte.

A 슐레머에 오신 걸 환영합니다. 무엇을 드릴까요?
B 오늘의 요리는 뭔가요?
A 슈페츨러를 곁들인 돼지 구이입니다.
B 맛있을 것 같네요. 그걸로 2인분 주세요.
A 마실 건요?
B 슈페치 두 잔 주세요.

단어 및 표현

das Tagesgericht 오늘의 요리   der Schweinebraten 돼지 구이   die Spätzle 슈페츨러(파스타의 일종)
klingen ~처럼 들리다   nehmen 가지다; 먹다   trinken 마시다   die Spezi 슈페치(콜라와 판타가 섞인 음료)

왕초보팁 환영의 의미를 갖는 willkommen은 전치사 bei뿐 아니라 대상에 따라 zu나 in 등을 사용하기도 합니다.

• Was ist heute das Tagesgericht?
오늘의 요리는 뭔가요?

A Was ist heute das Tagesgericht?
B Schnitzel mit Salat und Pommes.

A 오늘의 요리는 뭔가요?
B 샐러드와 감자튀김을 곁들인 슈니첼이에요.

> Tagesgericht와 같이 Tag-이 붙어
> 쓰이는 여러 어휘를 알아두세요.
>
> das Tagesangebot 오늘의 (할인)제품
> das Tagesticket 일일 교통 카드
> die Tagesmutter 베이비시터

• Das klingt lecker.
맛있을 것 같네요.

A Ich habe dir ein Himbeer-Dessert gemacht.
B Das klingt lecker. **Danke schön.**

A 너 주려고 산딸기 디저트를 만들었어.
B 맛있을 것 같아. 정말 고마워.

> 동사 klingen은 본래 '소리가
> 나다'라는 뜻이지만 '~처럼 들린다',
> '~처럼 생각된다'라는 의미로도
> 자주 사용됩니다.

• Und zu trinken?
마실 건요?

A Ich hätte gern ein Stück Käsekuchen.
B Und zu trinken?

A 치즈케이크 한 조각 주세요.
B 마실 건요?

> Und was hätten Sie gern zu trinken?을 줄여서
> Und zu trinken?이라고 표현하였습니다.
> 만약 마실 것을 먼저 골랐고 먹을 것을 나중에
> 골랐다면 Und zu essen?이라고 했겠죠?

 단어 및 표현

das Schnitzel 슈니첼   der Salat 샐러드   die Pommes 감자튀김   die Himbeere 산딸기   das
Dessert 디저트   das Stück 조각   der Käsekuchen 치즈케이크   essen 먹다

33

Tag
009

Wie viel kostet das?

이거 얼마야?

유사표현
- Wie teuer ist das? 이거 얼마야?
- Wie viel kostet der Computer? 이 컴퓨터 얼마야?

A   *Wie viel kostet das?

B   Der Tisch? Er kostet 120 Euro.

A   Ich finde ihn sehr teuer.

B   Wollen wir noch weiter suchen?

A   Gute Idee.

A   이거 얼마야?
B   이 탁자? 120유로야.
A   너무 비싼 거 같아.
B   좀 더 찾아볼까?
A   좋은 생각이야.

 단어 및 표현

kosten 비용이 ~이다   der Tisch 탁자   finden ~라고 생각하다   teuer 비싼   wollen ~하려 하다
weiter 계속   suchen 찾다   die Idee 생각

왕초보팁   의문사 wie와 형용사를 결합하여 '얼마나 ~한지'를 물어볼 수 있습니다.

• Ich finde ihn sehr teuer.
너무 비싼 거 같아.

A Wie findest du diesen Rock?

B Ich finde ihn sehr teuer.

A 이 치마 어떻게 생각해?
B 너무 비싼 거 같아.

> 동사 finden은 기본적으로
> '찾다'라는 의미 외에도 '생각하다'
> 라는 뜻으로도 자주 사용됩니다.

• Wollen wir noch weiter suchen?
좀 더 찾아볼까?

A Wollen wir noch weiter suchen?

B Nein. Lass uns nach Hause gehen.

A 좀 더 찾아볼까?
B 아니. 집에 가자.

> '함께 ~하자'라고 제안을 할 경우
> wollen wir 구문을 사용할 수
> 있으며, 이와 유사하게 lass uns
> 혹은 sollen wir 구문으로도 표현할
> 수도 있습니다.

• Gute Idee.
좋은 생각이야.

A Lass uns zusammen shoppen
   gehen!

B Das ist eine gute Idee.

A 우리 지금 쇼핑하러 가자!
B 그거 좋은 생각이네.

> 만약 좋은 생각이 아니라고 생각할
> 때는 Das ist keine gute Idee.라고
> 하면 됩니다.

 단어 및 표현

der Rock 치마   nach Hause 집으로   zusammen 함께   shoppen 쇼핑하다

Tag 010

Zahlen Sie mit Karte?

카드로 계산하시겠어요?

유사표현 · Zahlen Sie mit Karte oder bar? 카드 또는 현금으로 지불하시겠어요?
· Wie werden Sie zahlen? 어떻게 계산하시겠어요?

A Die Rechnung, bitte.

B Zahlen Sie mit Karte?

A Nein, wir zahlen bar.

B *Das macht 55 Euro und 70 Cent.

A Können Sie 100 Euro wechseln?

B Gerne. Einen schönen Tag noch!

A 계산서 좀 주세요.
B 카드로 계산하시겠어요?
A 아니요, 현금으로 계산할게요.
B 55유로 70센트입니다.
A 100유로짜리를 바꿔주실 수 있나요?
B 그럼요. 좋은 하루 보내세요!

 단어 및 표현

die Rechnung 계산서   zahlen 지불하다   bar 현금으로   wechseln 교환하다

왕초보팁 '~의 금액에 달한다'는 관용적 표현으로 'Das macht+금액'을 사용할 수 있습니다.

36

• Die Rechnung, bitte.
계산서 좀 주세요.

A Entschuldigung! Die Rechnung, bitte.

B Kommt sofort.

A 실례합니다! 계산서 좀 주세요.
B 바로 가져다드릴게요.

> 음식점에서 계산하기 위해서는
> 반드시 계산서가 있어야 합니다.
> 점원에게 손짓하며 Die Rechnung,
> bitte!라고 말해보세요. 혹은 Ich
> würde gerne zahlen.(계산하고
> 싶어요.)라고 말해도 좋습니다.

• Wir zahlen bar.
현금으로 계산할게요.

A Wie möchten Sie bezahlen?

B Wir zahlen bar.

A 어떻게 결제하시나요?
B 현금으로 계산할게요.

> bar 대신 mit Bargeld를 사용할 수
> 있습니다. Wir zahlen mit Bargeld.

• Einen schönen Tag noch!
좋은 하루 보내세요!

A Vielen Dank für Ihren Besuch.
   Einen schönen Tag noch!

B Auf Wiedersehen.

A 방문해 주셔서 감사합니다. 좋은 하루 보내세요!
B 안녕히 계세요.

> 누구라도 이렇게 인사한다면
> 방긋 웃는 독일사람을 만날 수
> 있을 거예요. 여기서 noch는
> '여전히'의 의미로 하루의 중간에
> 만난 사이이기에 남은 하루도 잘
> 보내라는 이미로 noch를 뒤에
> 붙여주는 것입니다.

 단어 및 표현

Entschuldigung. 실례합니다.   sofort 바로, 곧   das Bargeld 현금   Vielen Dank. 매우 감사합니다.
der Besuch 방문   Auf Wiedersehen. 안녕히 계세요.

Tag 011

Ich lerne Japanisch.
난 일본어를 공부해.

유사표현
- Ich spreche Spanisch. 난 스페인어를 할 줄 알아.
- Ich möchte Spanisch lernen. 난 스페인어를 공부하고 싶어.

A Ich lerne zur Zeit *Japanisch.

B Ist das nicht furchtbar schwierig?

A Es ist aufwendig. Aber es macht auch Spaß.

B Du bist so fleißig. Ich möchte auch so fleißig sein.

A 나는 요즘 일본어를 공부해.
B 그거 정말 어렵지 않아?
A 꽤 힘들지. 하지만 재밌기도 하더라.
B 정말 부지런한걸. 나도 부지런해지고 싶네.

 단어 및 표현

zur Zeit 요즘 Japanisch 일본어 furchtbar 매우, 대단히; 무서운 schwierig 어려운 aufwendig
노력, 돈 등이 많이 드는 der Spaß 재미 fleißig 부지런한

왕초보팁 일반적으로 언어를 가리키는 명사 앞에는 관사를 붙이지 않습니다.

40

• Ist das nicht furchtbar schwierig?
그거 정말 어렵지 않아?

A Ich lerne Geige.

B Das ist toll! Aber ist das nicht furchtbar schwierig?

> 반문할 때는 nicht를 넣어줍니다. nicht를 넣든 넣지 않든 전달하는 의미는 같지만 넣는 경우 좀 더 강조하는 느낌을 줄 수 있습니다.

A 나 바이올린 배우고 있어.
B 멋있다! 그렇지만 그거 정말 어렵지 않아?

• Es macht Spaß.
재미있어.

A Sprachen zu lernen ist langweilig.

B Nein, es macht Spaß.

> 나 자신에게 재미를 주는 경우라면, Es macht mir Spaß.라고 표현할 수 있습니다. 재밌는 대상을 주어로 두고, Das Klavierspielen macht mir Spaß.(피아노 치는 거 재밌어.)라고 할 수도 있습니다.

A 언어를 배우는 건 정말 지루해.
B 아니야, 재미있어.

• Du bist so fleißig.
정말 부지런한걸.

A Du bist immer so fleißig.

B Ach was. Du bist doch auch sehr fleißig.

> 부사 so를 사용하여 긍정적인 강조를 표현할 수 있습니다. 그에 반해 zu를 사용하면 부정적인 강조 표현이 가능합니다.

A 너는 항상 정말 부지런하구나.
B 에이 뭘. 너도 엄청 부지런하면서.

 단어 및 표현

die Geige 바이올린   toll 멋진   die Sprache 언어   langweilig 지루한   das Klavierspielen 피아노 치기   doch (강조의 의미) 엄청, 정말로

41

Tag 012

Ich spreche gerne Französisch.

난 프랑스어로 말하는 걸 좋아해.

유사표현
- Japanisch ist eine schöne Sprache. 일본어는 아름다운 언어야.
- Russisch hört sich schwierig an. 러시아어는 어려워 보이더라.

A   Französisch **hört sich sehr schön an.**

B   Ja, ich spreche gerne Französisch.

A   *Die Sprache klingt wie eine Melodie.

B   **Aber leider** ist die Grammatik sehr schwierig.

A   So ein Pech.

A   프랑스어는 정말 멋진 것 같아.

B   맞아. 난 프랑스어로 말하는 게 좋더라.

A   그 언어는 마치 노래처럼 들리더라고.

B   하지만 아쉽게도 문법이 너무 어렵던데.

A   아쉽네.

 단어 및 표현

Französisch 프랑스어   die Sprache 언어   sich anhören ~한 인상을 주다   die Melodie 멜로디, 선율
leider 유감스럽게도, 안타깝게도   die Grammatik 문법   schwierig 어려운; 힘든   So ein Pech. 아쉽네.

왕초보탑 같은 낱말에서 파생된 단어 die Sprache - sprechen를 함께 외워보세요.

• Es hört sich sehr schön an.
그건 정말 멋지게 들려.

A Dieses Lied hört sich sehr schön an.

B Gefällt es dir? Es ist meine Lieblingssängerin.

> 재귀동사이면서 분리동사인 anhören을 통해 '~같은 인상을 주다', '~처럼 들리다' 등으로 표현할 수 있습니다. klingen 역시 이와 비슷한 의미입니다.

A 이 노래 정말 듣기 좋다.
B 마음에 들어? 내가 제일 좋아하는 가수야.

• Die Sprache klingt wie eine Melodie.
그 언어는 마치 노래처럼 들려.

A Italienisch ist eine tolle Sprache.

B Ja. Und sie klingt wie eine Melodie.

> 동사 klingen 뒤에 형용사를 사용해 '~처럼 들리다'라는 표현이 가능하지만, 또한 대화처럼 명사와 wie를 결합하여 표현할 수도 있습니다.

A 이탈리아어는 정말 멋진 언어야.
B 맞아. 그리고 마치 노래처럼 들려.

• Aber leider...
하지만 아쉽게도...

A Diese Uhr ist sehr hübsch.

B Aber leider ist sie viel zu teuer.

> 해당 문장에서 aber 만으로도 의미 전달은 가능합니다. 하지만 leider를 넣어줌으로써 보다 깊은 감정을 표현할 수 있습니다. 독일 사람들이 정말 많이 사용하는 표현법이니 꼭 연습해보세요.

A 이 시계 정말 예쁘다.
B 하지만 아쉽게도 너무 비싸네.

 단어 및 표현

das Lied 노래   gefallen 마음에 들다   die Lieblingssängerin 가장 좋아하는 여가수   Italienisch
이탈리아어   die Uhr 시계   hübsch 예쁜, 귀여운

Tag 013

Hast du Geschwister?

형제자매가 있니?

유사표현
- Hast du Kinder? 자녀가 있니?
- Ich habe keine Geschwister. 난 형제자매가 없어.

A Hast du *Geschwister?

B Ja, ich habe zwei Geschwister.

A Wie alt sind sie?

B Mein Bruder ist 27. Meine kleine Schwester ist 9 Jahre alt. Und du?

A Nein, ich habe keine Geschwister. Ich bin ein Einzelkind.

A 형제자매가 있니?

B 응, 두 명 있어.

A 나이가 어떻게 돼?

B 내 형은 27살이야. 내 여동생은 9살이고. 너는?

A 아니, 나는 없어. 나는 외동이야.

단어 및 표현

die Geschwister (복수) 형제자매 alt 늙은, 낡은 der Bruder 형, 남동생 die Schwester 언니, 여동생
das Einzelkind 외동

왕초보팁 복수로만 사용하는 단어입니다.

44

• Wie alt ~?
~는 나이가 어떻게 돼?

A Wie alt bist du?

B Ich bin schon 7!

A 넌 몇 살이야?
B 벌써 7살이에요!

> 나이를 묻는 말은 대부분 실례가
> 됩니다. 다만 어린아이에게는 언제든
> 물어볼 수 있겠죠? 나이뿐 아니라
> 건립이나 연식이 얼마나 되었는지 등을
> 물어볼 때도 이 표현이 가능합니다.

• Meine kleine Schwester ist 9 Jahre alt.
내 여동생은 9살이야.

A Meine kleine Schwester ist 9 Jahre alt.

B Mein kleiner Bruder ist erst 4.

A 내 여동생은 9살이야.
B 내 남동생은 겨우 4살인걸.

> 자신보다 손아래인 경우
> klein/jünger을, 손위인 경우
> groß/älter를 사용합니다.
> 단, 형용사 어미 변화에
> 유의해야 합니다.

• Ich bin ein Einzelkind.
나는 외동이야.

A Ich bin ein Einzelkind. Aber ich wünsche mir Geschwister.

B Du kannst meinen kleinen Bruder haben.

A 나는 외동이야. 나도 형제자매가 있으면 좋겠다.
B 내 동생 가져도 돼.

 단어 및 표현

schon 이미, 벌써 erst 겨우, 아직, 단지 wünschen 원하다 können 할 수 있다, 해도 된다

45

Tag 014

Was bist du von Beruf?

직업이 뭐니?

 유사표현 • **Was machst du beruflich?** 무슨 일 하세요?
• **Was ist dein Job?** 직업이 뭐예요?

A   Ich bin Handwerkerin. Was bist du von Beruf?

B   Ich arbeite als Dolmetscher.

A   *Macht dir die Arbeit Spaß?

B   Ja. Und die Arbeit ist gut bezahlt.

A   Als Kind wollte ich Pilotin werden. Und du?

B   Ich wollte reich werden.

A   나는 수공업자야. 너는 직업이 뭐니?
B   나는 통역사로 일하고 있어.
A   일은 재미있어?
B   응. 그리고 돈도 꽤 받아.
A   어렸을 때 난 파일럿이 되고 싶었는데. 너는?
B   난 부자가 되려고 했어.

✏️ **단어 및 표현**

von ~에 의해서, ~로부터   **der Beruf** 직업   **beruflich** 직업적으로   **der Job** 직업   **die Handwerkerin** 수공업자(여)   **arbeiten** 일하다   **als** ~로서   **der Dolmetscher** 통역사   **bezahlen** 지불하다   **die Pilotin** 파일럿(여)   **werden** ~이 되다   **reich** 부유한

왕초보팁 Macht dir die Arbeit Spaß?에서 보듯이 일반적인 의문문에서 주어가 동사 다음에 와야 하지만 주어가 명사이고 인칭대명사가 함께 쓰인 경우 인칭대명사를 주어보다 앞에 놓곤 합니다.

• Ich arbeite als Dolmetscher.
나는 통역사로 일하고 있어.

A Was machst du in Südkorea?

B Ich arbeite hier als Dolmetscher.

A 너는 한국에서 뭐 해?
B 여기서 통역사로 일하고 있어.

> '~로서 일한다'고 표현할 때는
> als를, '~에서 일한다'라고 하는
> 경우에는 bei를 사용할 수 있습니다.

• Die Arbeit ist gut bezahlt.
이 일은 돈을 많이 줘.

A Wie ist deine neue Arbeit?

B Die Arbeit ist gut bezahlt. Aber sie ist anstrengend.

A 새로운 일은 어때?
B 돈을 많이 주는 일이야. 근데 힘들어.

> 동사 bezahlen은 '지불하다'라는
> 의미와 함께 임금 따위를
> 지급하거나 보상할 때도
> 사용됩니다. 특히 일의 보수에
> 대해서 사용할 때 이 동사의
> 과거분사(Partizip II) 형태인
> bezahlt를 자주 사용합니다.

• Als Kind wollte ich Pilotin werden.
어렸을 때 난 파일럿이 되고 싶었어.

A Als Kind wollte ich Astronaut werden. Und du?

B Ich? Als Kind wollte ich Pilotin werden.

A 나는 어렸을 때 우주 비행사가 되고 싶었어. 너는?
B 나? 난 어렸을 때 파일럿이 되고 싶었어.

> 조동사 wollen의 과거형을
> 통해 '~을 하고 싶었다'라는
> 표현을 할 수 있습니다.

 단어 및 표현

bei ~곁에   anstrengend 힘든   der Astronaut 우주 비행사

Tag 015

Wann fährt dieser Zug ab?

이 기차는 언제 출발하나요?

 유사표현
- Wann geht es los? 언제 떠나나요?
- Wann ist die Abfahrt? 출발이 언제인가요?

A Entschuldigen Sie. Wann fährt dieser Zug ab?

B **Der Zug fährt um** *halb 1 **ab.**

A Was? Erst um halb 1?

B Ja, **der Zug hat Verspätung.**

A Dann muss ich mein Ticket umbuchen. Wo ist der Fahrkartenautomat?

B Er ist **bei Gleis 3.**

A 실례합니다. 이 기차는 언제 출발하나요?
B 그 기차는 열두 시 반에 출발해요.
A 뭐라고요? 열두 시 반이요?
B 네, 기차가 연착됐습니다.
A 그럼 제 티켓을 변경해야 해요. 승차권 판매기가 어디에 있나요?
B 3번 플랫폼에 있습니다.

단어 및 표현

der Zug 기차 abfahren 출발하다 losgehen 출발하다 die Abfahrt 출발 Entschuldigen Sie.
실례합니다. um ~시에 erst 겨우, 비로소 die Verspätung 연착; 지각 das Ticket 티켓, 탑승권
umbuchen (예약을) 변경하다 der Fahrkartenautomat 승차권 판매기 das Gleis 플랫폼, 선로

왕초보팁 시간을 말할 때 숫자 앞에 바로 halb가 붙으면 그 시간이 되기 30분 전을 가리킵니다.

• Der Zug fährt um ~ ab.
그 기차는 ~시에 출발해.

A Um wie viel Uhr fährt dein Zug ab?

B Der Zug fährt um Punkt 7 Uhr ab.

A 네 기차는 몇 시에 출발해?

B 그 기차는 7시 정각에 출발해.

> 도착을 표현할 땐 동사
> ankommen을 사용할 수 있습니다.
> Der Zug kommt um 8 Uhr an.
> 그 기차는 8시에 도착해.

• Der Zug hat Verspätung.
기차가 연착됐어.

A Ella, es tut mir leid. Der Zug hat Verspätung.

B Kein Problem. Ich warte auf dich.

A 엘라야, 미안해. 기차가 연착됐어.

B 괜찮아. 기다릴게.

> 이와 유사한 표현으로
> Der Zug ist verspätet.(기차가
> 연착되었어.)가 있습니다.

• bei Gleis 3
3번 플랫폼에

A Momentan bin ich bei Gleis 3. Wo bist du?

B Komm zu Gleis 9. Ich bin vor der Treppe.

A 지금 나 3번 플랫폼에 있어. 너 어디니?

B 9번 플랫폼으로 와. 계단 앞에 있어.

 단어 및 표현

wie viel 어느 정도; 얼마나 많은 der Punkt 정각; 점 ankommen 도착하다 verspäten 늦다, 연착하다
momentan 지금, 현재 die Treppe 계단

49

Tag 016
Ich fahre heute in den Urlaub.
나 오늘 휴가 가.

유사표현 · Ich mache eine Reise. 나 여행을 갈 거야.
· Ich fahre ins Ausland. 나 해외로 가.

A Ich *fahre heute in den Urlaub. Endlich!

B Wie schön! Wohin fährst du?

A Ich mache eine Reise nach Dänemark.

B Hört sich toll an! Ich *fliege nächste Woche nach Italien. Ich freue mich schon darauf.

A Guten Flug! Bring mir ein Souvenir mit!

A 나 오늘 휴가 가. 드디어!
B 얼마나 좋을까! 어디로 가는데?
A 덴마크로 여행 가.
B 좋겠네! 나는 다음 주에 이탈리아로 가. 벌써 기대 돼.
A 좋은 비행 되길! 내 기념품 사와!

단어 및 표현

fahren 가다; 운전하다 der Urlaub 휴가 die Reise 여행 das Ausland 해외 sich anhören ~같은
느낌을 주다 Dänemark 덴마크 Hört sich toll an! 좋겠네! nächste Woche 다음 주에 sich freuen
기대하다; 기뻐하다 der Flug 비행 das Souvenir 기념품 mitbringen 가져오다

왕초보팁 차를 타고 가는 경우 fahren을, 비행기를 타고 가는 경우 fliegen을 사용합니다.

- **Ich mache eine Reise nach Dänemark.**

  나는 덴마크로 여행 가.

  A Ich mache diesen Sommer eine
     Reise nach Dänemark.

  B Läuft bei dir!

  A 나는 이번 여름에 덴마크로 여행 가.
  B 잘됐다!

  > '~로의 여행'을 표현할 때는 eine Reise nach Korea(한국으로의 여행)처럼 장소의 전치사구를 명사 뒤에 놓습니다. 다른 명사와 결합할 때도 마찬가지입니다.

- **Ich fliege nächste Woche nach Italien.**

  나는 다음 주에 이탈리아로 가.

  A Ich fliege nächste Woche nach Italien.

  B Dann nimm viel Sommerkleidung mit.

  A 나는 다음 주에 이탈리아로 가.
  B 그럼 여름옷 많이 챙겨가.

  > 시간을 나타낼 때는 전치사 없이 4격(Akkusativ)으로 자주 표현합니다.

- **Ich freue mich schon darauf.**

  벌써 기대 돼.

  A Morgen fliegen wir endlich nach
     Hawaii!

  B Ich freue mich schon darauf.

  A 우리가 드디어 내일 하와이에 가는구나!
  B 벌써 기대 돼.

  > 동사 freuen이 '~을 기대하다'라는 의미로 사용될 때 'auf+명사'와 결합해 사용하는데, 이미 하와이로 떠나는 여행이 언급되었기 때문에 darauf(그것에 대해)를 사용했습니다.

Läuft bei dir! 잘됐다! die Sommerkleidung 여름옷 mitnehmen 가지고 가다 morgen 내일

51

Tag 017

Nie im Leben!
절대 안 해!

유사표현
- **Niemals!** 절대 안 해!
- **Nur über meine Leiche!** 내 눈에 흙이 들어가기 전에는 안 돼!

A Fallschirmspringen ist wirklich spannend! Willst du es *mal probieren?

B Nie im Leben! Es ist zu gruselig.

A Aber meine Tante findet es toll.

B Wirklich? *Dann überlege ich es mir *noch einmal.

A 낙하산 타는 거 정말 재밌어! 한번 해볼래?
B 절대 안 해! 너무 무서워.
A 하지만 우리 이모가 그거 짱이라고 그러던데.
B 정말? 그럼 한번 생각 좀 해볼게.

✏️ **단어 및 표현**

nie 결코 ~이 아닌   das Leben 삶   niemals 결코 ~이 아닌   die Leiche 시체   das Fallschirmspringen 낙하산 강하   spannend 재미있는   probieren 해보다   gruselig 무서운, 섬뜩한   die Tante 이모, 고모   sich[Dativ] überlegen 숙고하다

왕초보팁 부사 mal, dann, noch 등을 잘 활용하면 문장의 풍미를 더할 수 있습니다.

• Es ist spannend!

그거 재미있네!

A Dieser Film ist wirklich spannend!

B Ach ja? Dann will ich ihn auch angucken.

A 이 영화 정말 재미있네!
B 아 그래? 그럼 나도 한번 볼래.

> spannend는 동사 spannen(긴장시키다)의 현재분사(Partizip I)로 '긴장시키는'의 의미이기 때문에 즐겁고 재미있고 흥미진진한 일을 가리킬 때 사용할 수 있습니다. 현재분사는 동사 뒤에 -d만 붙여주면 됩니다.

• Willst du es mal probieren?

너 ~ 한번 해볼래?

A Willst du mal Sushi probieren?

B Ja, unbedingt!

A 너 스시 한번 먹어볼래?
B 응, 무조건!

> 한번 시도해본다는 표현으로 동사 probieren을 사용합니다. 만약 옷을 입어보는 일이라면 anprobieren을 사용할 수 있습니다.

• Ich überlege es mir.

생각 좀 해볼게.

A Gehst du nach Berlin oder nach Köln?

B Ich überlege es mir noch.

A 베를린 갈 거니, 아니면 쾰른 갈 거니?
B 좀 더 생각해볼게.

> 비분리동사 überlegen은 3격(Dativ) 재귀대명사와 결합하여 '고민해보다', '생각해보다'의 의미를 갖습니다.

 단어 및 표현

der Film 영화   ach (감탄사) 아   angucken 보다   unbedingt 무조건, 절대적으로

53

Tag 018

Alles klar.
알겠어.

유사표현 · Alles Roger. 알겠어.
· Verstanden. 알겠어요.

A Was müssen wir vorbereiten?

B Ich besorge Getränke. Kannst du den Kuchen kaufen?

A Alles klar. Ich kenne eine gute Bäckerei.

B Super. Dann bis später.

A 우리가 뭘 준비해야 하는 거야?
B 난 음료수를 마련할게. 넌 케이크 좀 사다 줄 수 있어?
A 알겠어. 내가 맛있는 빵집을 알아.
B 좋아. 그럼 이따 봐.

 단어 및 표현

alles 모든 것 klar 명확한 Roger '알았다'라는 뜻의 영어식 표현 verstehen 이해하다 vorbereiten
준비하다 besorgen 구입하다, 마련하다 das Getränk 음료 die Bäckerei 빵집 bis ~까지 später
나중에

• Kannst du den Kuchen kaufen?

케이크 좀 사다 줄 수 있어?

A Kannst du den Kuchen kaufen?

B Okay. Ich bin gleich wieder da.

> 동사 besorgen 역시 kaufen과
> 마찬가지로 무언가를 구입하여
> 마련하는 경우에 사용됩니다.

A 케이크 좀 사다 줄 수 있어?
B 알겠어. 금방 갔다 올게.

• Ich kenne ~.

나는 ~을 알아.

A Ich will eine schwarze Jacke kaufen.

B Ich kenne einen Laden, der Jacken verkauft.

> 동사 kennen은 4격(Akkusativ)
> 목적어를 취합니다. 이는 같은
> 의미의 동사 wissen과 구분되는
> 점입니다. wissen은 목적어 없이
> 사용하지만 kennen의 경우 항상
> 목적어를 수반합니다.

A 나는 검은색 재킷을 살 거야.
B 재킷 파는 가게 내가 알아.

• Bis später.

이따 봐.

A Ich werde um 20 Uhr da sein.

B Okay, dann bis später.

> 흔하게 사용되는 Bis später.을 활용해
> Bis gleich.(곧 봐.), Bis dann.(다음에 봐.),
> Bis Montag.(월요일에 봐.)와 같은
> 인사표현을 사용할 수도 있습니다.

A 난 8시에 거기 도착할 거야.
B 알겠어. 그럼 이따 봐.

단어 및 표현

gleich 곧 wieder 다시 schwarz 검은 die Jacke 재킷 der Laden 가게, 상점 verkaufen 판매하다
wissen 알다 der Montag 월요일

Tag 019

Das ist unglaublich!
믿기지가 않네!

유사표현 • Nicht zu fassen. 믿을 수 없군.
• Das kann nicht wahr sein. 사실일 리 없어.

A Ich habe Ärger bekommen.

B Warum denn das?

A Ich bin zu spät *zu Hause angekommen.

B Um wieviel Uhr bist du denn angekommen?

A Um 11 Uhr 30.

B Das ist unglaublich! Deine Eltern sind zu
   streng.

A 나 혼났어.
B 도대체 뭐 때문에?
A 집에 너무 늦게 도착했거든.
B 몇 시에 도착했는데?
A 11시 반.
B 말도 안 돼! 너희 부모님 너무 엄격하시다.

📝 **단어 및 표현**

unglaublich 믿기지 않는 fassen 넣다, 담다 der Ärger 화, 분노 bekommen 얻다 warum 왜
denn 도대체 spät 늦은 zu Hause 집에 ankommen 도착하다 die Eltern 부모님 streng 엄격한

왕초보팁 zu Hause는 '집에'라는 뜻이고, nach Hause는 '집으로'라는 뜻입니다.

• Ich habe Ärger bekommen.
나 혼났어.

A Ich habe mein Handy verloren und Ärger bekommen.

B Oje, deine Eltern sind bestimmt wütend.

A 핸드폰을 잃어버려서 혼났어.
B 저런. 부모님 정말 화나셨겠다.

> 누군가의 화(Ärger)를 받았기(bekommen)에 혼났다는 표현이 됩니다.

• Ich bin zu spät.
너무 늦었어.

A Warum rennst du so?

B Ich bin zu spät. Ich muss mich beeilen.

A 왜 그렇게 뛰어?
B 너무 늦었어. 서둘러야 해.

> Ich bin spät dran.이라고도 표현할 수 있으며, 이와 유사한 상황에서 쓸 수 있는 다양한 표현들도 함께 기억해두세요.
> Ich bin unterwegs. 가는 중이야.
> Ich bin schon los. 나 이미 출발했어.

• Deine Eltern sind streng.
너희 부모님 엄격하시다.

A Deine Eltern sind so nett. Aber meine nicht.

B Stimmt. Deine Eltern sind ein bisschen streng.

A 너희 부모님은 참 친절하셔. 우리 부모님은 아니야.
B 맞아. 너희 부모님은 약간 엄격하시지.

> 사람의 성격을 표현하는 다양한 형용사들이 있습니다.
> Freundlich 친절한
> aufgeschlossen 활발한
> still 조용한
> schüchtern 수줍음이 많은

단어 및 표현

das Handy 핸드폰 verlieren 잃어버리다 wütend 화난 rennen 달리다 sich beeilen 서두르다
nett 친절한, 상냥한 stimmt 맞는, 올바른 ein bisschen 약간

Tag
020
Mach's gut!
잘 지내!

유사표현 • **Bis dann.** 그럼 또 보자.
• **Bis später.** 나중에 보자.

A **Schöne Ferien!**

B **Ja, wir sehen uns nächstes Jahr.**

A **Stimmt genau. *Mach's gut!**

B **Du auch! Bleib gesund!**

A 휴가 잘 보내!
B 응, 내년에 보자.
A 꼭 그러자. 잘 지내!
B 너도! 건강하게 지내!

단어 및 표현

die Ferien 휴가, 방학 **sehen** 보다 **nächstes Jahr** 내년에 **stimmt** 올바른 **genau** 정확한 **bleiben** 머무르다, 지속되다 **gesund** 건강한

왕초보팁 생략부호(')를 Apostroph라고 합니다. 독일어에서는 흔하지 않습니다.

• Wir sehen uns nächstes Jahr.
내년에 보자.

A Tschüss. Wir sehen uns nächstes Jahr.

B Nein, wir sehen uns nächsten Monat.

> sehen이 재귀동사로 쓰일 때 '만나다'라는 의미가 됩니다. Wir sehen uns라고만 말해도 헤어질 때 하는 인사로 사용할 수 있습니다.

A 잘 가. 내년에 보자.
B 아니야. 우리 다음 달에 볼 거야.

• Stimmt genau.
정확히 맞아.

A Ist diese Antwort richtig?

B Ja, stimmt genau.

> stimmt는 상대방의 말에 긍정할 때 쓰는 표현입니다. stimmt만 쓰거나 genau만 써도 되지만 더욱 강조하고자 할 때 이 둘을 붙여 사용합니다.

A 이 답이 정답이야?
B 응. 정확히 맞아.

• Bleib gesund.
건강하게 지내.

A Es ist so kalt.

B Stimmt. Bitte bleib gesund.

> 독일어에서 명령법은 명령이나 요구의 의미만이 아니라 권유, 부탁 등을 위해서도 사용됩니다. 특히 bitte, doch, mal 등의 부사들이 함께 사용되기도 합니다.

A 너무 춥다.
B 맞아. 건강 잘 챙겨.

 단어 및 표현

nächsten Monat 다음 달에   die Antwort 답변   richtig 올바른   kalt 추운, 차가운

원어민 MP3와
저자 해설강의를 들어 보세요

Tag 021

Der spinnt doch!
그 사람 미친 거 아냐!

유사표현
- Der ist doch verrückt. 걔는 미쳤어.
- Der hat sie nicht alle. 걔는 미쳤어.

A Mein Bruder sagt, er ist schlauer als ich.

B *Der spinnt doch!

A Genau. Er ist so eingebildet.

B Ignorier ihn einfach.

A Das mache ich. Man, womit habe ich das verdient...

A 우리 형이 그러는데 자기가 나보다 똑똑하대.
B 미친 거 아냐!
A 맞아. 너무 오만해.
B 그냥 무시해.
A 그래야겠지. 아휴, 나한테 왜 이런 일이 일어나는 거지...

📝 **단어 및 표현**

spinnen 이상한 소리를 하다   verrückt 제정신이 아닌   schlau 똑똑한, 현명한   genau 정확한
einbilden 자만하다   ignorieren 무시하다   verdienen 벌다; 가치가 있다

왕초보팁 Der spinnt doch!의 주어는 Der입니다. 만약 여자에 대해 그런 표현을 썼다면 Die를 써야 했겠죠.

• Er ist eingebildet.
그는 오만해.

A Victor ist so unfreundlich!

B Ja, er ist sehr eingebildet und
unfreundlich.

> 동사 einbilden의 분사2식
> 형태인 eingebildet를 통해
> 형용사적 용법으로 사용했습니다.

A 빅터는 너무 불친절해!
B 응, 그는 진짜 오만하고 불친절해.

• Ignorier ihn einfach.
그냥 무시해.

A Mein Nachbar ist so laut.

B Ignorier ihn einfach.

> 동사 Ignorieren의 명령법 형태입니다.
> 여기서 사용된 einfach은 '간단한'이란
> 의미의 형용사 이외에도 '그냥', '그야말로'
> 등의 의미를 가진 부사로도 쓰입니다.

A 내 이웃이 너무 시끄러워.
B 그냥 무시해.

• Womit habe ich das verdient?
나한테 왜 이런 일이 일어나는 거지?

A Jana! Ich kann heute den ganzen
Tag mit dir verbringen!

B Womit habe ich das verdient...

> 이 표현은 원하지 않은 일에 대해
> 반문하며 질문하는 표현입니다.
> 친구끼리 농담 삼아 쓰기도 합니다.

A 야나! 난 오늘 하루 종일 너랑 놀 시간 있어!
B 나한테 왜 이런 일이 일어나는 거지...

 단어 및 표현

der Nachbar 이웃   den ganzen Tag 하루 종일   verbringen 시간을 보내다

Tag 022

Ich bin geschockt!

충격적이야!

유사표현
· Ich kann es nicht fassen. 믿을 수 없어.
· Ich kann es nicht glauben. 믿을 수 없어.

A Lisa geht heute auf ein Date mit Markus.

B Wirklich? Ich bin *geschockt!

A Ich auch. Ich habe das nicht erwartet.

B Hoffentlich wird es ein schönes Date.

A 리사 오늘 마르쿠스랑 데이트하러 가.
B 정말? 충격적이야!
A 나도 그래. 생각도 못 해봤어.
B 데이트 잘했으면 좋겠다.

 단어 및 표현

schocken 놀라게 하다   fassen 수용하다, 이해하다   das Date 데이트   erwarten 기대하다
hoffentlich 바라건대

왕초보팁 geschockt 는 동사 schocken의 과거분사(Partizip II)로 '충격받은'이란 의미입니다. 독일어는 과거분사를
형용사로 많이 사용합니다.

• Lisa geht auf ein Date.
리사는 데이트하러 가.

A Lisa geht auf ein Date.

B Das wird bestimmt lustig für sie.

A 리사는 데이트하러 가.
B 정말 즐겁겠다.

> '데이트하다'라는 표현으로
> 재귀동사 treffen을 쓸 수도
> 있습니다.
>
> Er trifft sich mit Lisa.
> 그는 리사와 데이트해.

• Ich habe das nicht erwartet.
생각도 못 해봤어.

A Warum bist du so geschockt?

B Ich habe das **einfach** nicht erwartet.

A 왜 이렇게 충격받았어?
B 그럴 줄은 정말 생각도 못 해봤어.

> '기대하다', '예측하다'라는
> 의미를 갖는 erwarten 동사를
> 활용해 상상해보지도 못한 일이
> 일어난 것에 대해 놀람을 표시할
> 수 있습니다.

• Hoffentlich wird es ~.
~하길 바라.

A Hoffentlich wird es **gutes Wetter.**

B Ja, hoffentlich wird es nicht regnen.

A 날씨가 좋기를 바라.
B 응, 비가 오지 않았으면 좋겠다.

 단어 및 표현

bestimmt 분명히 **sich treffen mit** ~와 만나다, 데이트하다 **einfach** 정말, 전혀; 간단한 **das Wetter**
날씨 **regnen** 비가 오다

65

Tag 023

Leg dich ins Zeug.

최선을 다해봐.

유사표현 · **Streng dich an.** 전력을 다해봐.
· **Gib alles.** 최선을 다해봐.

A Ich will eine 1⁺ bekommen.

B Leg dich ins Zeug. Dann kannst du es schaffen.

A Ich werde mich anstrengen!

B Ich bin stolz auf dich.

A 나는 1⁺ 학점을 받고 싶어.

B 최선을 다해봐. 그러면 너는 해낼 수 있을 거야.

A 나는 전력을 쏟아서 노력할 거야!

B 네가 자랑스러워.

✏️ **단어 및 표현**

sich ins Zeug legen 최선을 다하다   schaffen 해내다; 만들다   sich anstrengen 전력을 다하다   stolz
sein auf ~ ~에 대해 자랑스러워하다

• Ich will eine 1+ bekommen.
나는 1+학점을 받고 싶어.

A Ich will eine 1+ bekommen.

B Dann musst du viel lernen.

A 나는 1+학점을 받고 싶어.
B 그렇다면 정말 열심히 공부해야 할 거야.

> 화법조동사 wollen은 의지를
> 표현합니다. 좀 더 강조하고 싶다면
> unbedingt(반드시)를 넣어보세요.

• Du kannst es schaffen.
너는 해낼 수 있어.

A Dieses Referat ist viel zu schwer für mich.

B Nein, du kannst es schaffen!

A 이 발표는 내겐 너무 많이 어려워.
B 아니야, 너는 해낼 수 있어!

> 동사 schaffen은 기본적으로
> '창조하다', '만들다'의 의미이며
> 본문과 같이 '해내다', '도달하다'라는
> 의미도 가지고 있습니다. 또한
> '시험에 합격하다'라는 의미로도
> 사용됩니다.

• Ich bin stolz auf dich.
네가 자랑스러워.

A Dieses Semester war anstrengend.

B Aber du hast es geschafft. Ich bin sehr stolz auf dich.

A 이번 학기는 힘들었어.
B 그래도 해냈잖아. 네가 너무 자랑스러워.

> 형용사 stolz는 진치사 auf와 결합하여
> '~에 대해 자랑스러운'이란 의미로
> 사용합니다.

 단어 및 표현

lernen 공부하다　　das Referat 발표, 강연　　schwer 어려운　　das Semester 학기　　anstrengend 힘든

Tag 024

Hast du Bock?
관심 있어?

유사표현 · **Hast du Lust?** 관심 있니?
· **Hast du Bock auf die Party?** 그 파티에 관심 있니?(파티 갈래?)

A **Was machst du heute?**

B **Ich gehe ins Kino. Hast du *Bock?**

A **Ja! Ich komme mit.**

B **Dann beeil dich.**

A **Klaro.**

A 오늘 뭐 해?
B 영화 보러 갈 거야. 관심 있어?
A 응! 나도 같이 갈래.
B 그럼 서둘러.
A 오케이.

✏️ **단어 및 표현**

der Bock 욕망 die Lust 의지; 쾌감 die Party 파티 das Kino 영화관 mitkommen 함께 오다, 함께
가다 sich beeilen 서두르다 Klaro. 오케이.

왕초보팁 Bock은 어원적으로 '배고픔'을 의미하지만 Lust의 의미로 흔하게 사용되고 있습니다. Hast du Bock?의
표현방식으로만 사용합니다.

68

• Was machst du heute?
오늘 뭐 해?

A Was machst du heute?
B Ich lerne in der Bibliothek. Und du?

A 오늘 뭐 해?
B 도서관에서 공부해. 너는?

• Ich komme mit.
나도 같이 갈래.

A Ich gehe spazieren. Was machst du?
B Ich komme mit. Ist das okay?

A 나는 산책 갈 거야. 너는 뭐 할 거야?
B 나도 같이 갈래. 괜찮지?

• Dann beeil dich.
그럼 서둘러.

A Warte auf mich! Ich bin fast da.
B Dann beeil dich.

A 나 좀 기다려줘! 거의 다 왔어.
B 서둘러.

> 동사 beeilen은 재귀동사이기
> 때문에 재귀대명사를 반드시 함께
> 사용해야 합니다. 명령법이라도
> 함께 써야 함을 주의하세요.

 단어 및 표현

die Bibliothek 도서관   spazieren 산책하다   okay 괜찮은, 좋은   warten 기다리다   fast 거의   da
여기에

Tag 025

Sei ehrlich.
솔직해져 봐.

유사표현 • Sag die Wahrheit. 진실을 말해.
• Ehrlich gesagt... 솔직히 말해서...

A Ich glaube, das Bild ist nicht so gut...

B *Sei ehrlich. Du findest es hässlich.

A Das stimmt nicht. Ich finde es nur zu grell.

B Vielleicht hast du Recht.

A 나는 이 그림이 그렇게 예쁜 것 같진 않아...
B 솔직해져 봐. 넌 이거 별로라고 생각하잖아.
A 그렇지 않아. 그냥 단지 지나치게 화려한 거 같아.
B 어쩌면 네 말이 맞을지도 모르겠네.

단어 및 표현

ehrlich 정직한 sagen 말하다 die Wahrheit 진실, 진리 glauben 믿다, ~라고 여기다 das Bild 그림
finden ~라고 생각하다 hässlich 흉한, 추한 stimmen 맞다, 옳다 grell 화려한, 현란한 vielleicht
어쩌면, 아마도 das Recht 옳음; 법; 권리

왕초보팁 sei는 sein 동사의 2인칭 단수 명령법 형태입니다.

• Ich glaube, ~.

내 생각에는 ~같아.

A Wie findest du das neue Lied von dieser Band?

B Ich glaube, es ist nicht so gut.

A 이 밴드의 새로운 노래 어떻게 생각해?
B 나는 그렇게 좋은 것 같진 않아.

> 자신의 의견이나 생각을 표현할 때 사용합니다. 그 외에 ich denke, ich meine 등을 사용할 수도 있습니다.

• Das stimmt nicht.

그렇지 않아.

A Du bist noch immer wütend, richtig?

B Das stimmt nicht.

A 너 아직도 화나 있는 거 맞지?
B 그렇지 않아.

> 동의 및 비동의를 표현할 때 사용하는 동사는 stimmen입니다. 만약 동의하는 경우라면 Das stimmt.(맞아.)라고 말해보세요.

• Du hast Recht.

네가 맞아.

A Du sollst dir nicht so viele Sorgen machen.

B Vielleicht hast du Recht.

A 너는 너무 많은 걱정을 하지 말아야 해.
B 어쩌면 네 말이 맞을지도.

> Recht haben(혹은 소문자로 recht haben)는 주어의 행위나 언어가 옳고 그름을 표현할 때 쓰입니다. 만약 사실이나 정보의 옳고 그름을 표현하고자 힐 때는 Diese Theorie ist nicht richtig.(이 이론은 옳지 않아.)처럼 richtig를 사용해보세요.

단어 및 표현

das Lied 노래   die Band 밴드, 악단   denken 생각하다   meinen 생각하다, ~라고 여기다   wütend 화난, 격분한   sollen 해야 하다   sich Sorgen machen 걱정하다   richtig 올바른

Tag 026

Macht nichts.

신경 쓰지 마.

유사표현
- **Macht nix.** 괜찮아.
- **Kein Ding.** 별거 아니야.

A Alter! Lange nicht gesehen.

B Ich war in Spanien. *Habe da Urlaub gemacht.

A Ach so. Hast du heute Abend Zeit?

B Tut mir leid. Ich habe ein bisschen Fieber. Sorry.

A Macht nichts. Ruh dich gut aus!

A 친구! 오랜만이야.

B 스페인에 있었어. 거기서 휴가를 보냈거든.

A 아 그래. 오늘 저녁에 시간 있니?

B 어쩌지. 약간 열이 있어. 미안.

A 신경 쓰지 마. 잘 쉬어!

단어 및 표현

nichts 아무것도 아닌 것(nix nichts의 줄임말)   das Ding 사물, 사건   Alter 친구를 부르는 말   lange 오래
da 거기서   Urlaub machen 휴가를 보내다   ein bisschen 약간   das Fieber 열   sich ausruhen 쉬다

왕초보팁 (Ich) Habe da Urlaub gemacht.에서와 같이 구어체에서 주어를 생략하는 경우가 종종 있습니다. 실전
회화를 위해 알아둘 필요가 있지만, 독일어를 공부할 때는 문법을 다 지켜 말하는 연습을 하는 것이
중요합니다.

• Lange nicht gesehen.
오랜만이야.

A Hi, Elena! Lange nicht gesehen.
B Wie geht's? Ich hatte leider viel zu tun.

A 안녕, 엘레나! 오랜만이야.
B 잘 지냈어? 유감스럽게도 난 매우 바빴어.

> Wir haben uns lange nicht gesehen.을 줄여 쓴 표현으로 오랫동안 보지 못하다가 만났을 때 반가움을 표현하고 있습니다.

• Hast du Zeit?
시간 있니?

A Julia! Hast du heute Abend Zeit?
B Nein, ich muss Hausaufgaben machen.

A 율리아! 오늘 저녁에 시간 있어?
B 아니, 숙제해야 해.

• Ich habe Fieber.
열이 있어.

A Was ist denn los?
B Weiß nicht. Ich habe leichtes Fieber.

A 무슨 일 있어?
B 모르겠어. 약간 열이 있네.

> Weiß nicht는 Ich weiß nicht를 줄여 쓴 표현입니다. 인칭변화에 유의하세요.
>
> Ich weiß / du weißt / er weiß / wir wissen / ihr wisst / sie wissen

---

 단어 및 표현

leider 유감스럽게도   viel zu tun haben 할 일이 많다   die Hausaufgaben (복수) 숙제   müssen 해야 하다   wissen 알다   leicht 가벼운; 쉬운

73

Tag 027

Ohne Witz.

농담 아냐.

유사표현 ・**Aber wirklich.** 정말이야.
・**Stimmt.** 맞아.

A **Ich habe meinen Rucksack verloren.**

B **Das ist ja furchtbar!**

A **Ohne Witz. Ich bin am Ende.**

B **Mach dir keine Sorgen. Wir *werden ihn finden.**

A 가방을 잃어버렸어.

B 그것 참 끔찍하다!

A 농담 아냐. 난 이제 끝났어.

B 걱정하지 마. 우리가 찾을 거니까.

 단어 및 표현

ohne ~ 없이   der Witz 장난   der Rucksack 가방, 배낭   verlieren 잃어버리다   ja 강조의 표현
furchtbar 끔찍한, 무서운   das Ende 끝   die Sorge 걱정, 근심   finden 찾다

왕초보팁 독일어는 현재형만으로 미래를 표현할 수 있습니다. 물론 미래형 표현은 따로 존재합니다.
'werden+동사원형' 구문으로 미래의 일을 말할 수 있습니다.

• Das ist furchtbar!
끔찍하다!

A Mir wurde mein ganzes Bargeld gestohlen.

B Das ist furchtbar! Lass uns zur Polizei gehen.

A 내 돈 전부를 도둑맞았어.
B 끔찍하다! 경찰에게 가보자.

• Ich bin am Ende.
난 이제 끝났어.

A Die Hausaufgaben sind zu schwer.
   Ich bin am Ende.

B Du kannst es schaffen. Versuche es noch einmal.

A 숙제들이 너무 어려워. 난 이제 끝났어.
B 해낼 수 있을 거야. 다시 한번 시도해 봐.

> 전치사 mit와 함께 다음과 같은
> 표현으로 확장할 수 있습니다.
> Ich bin mit meiner Geduld
> am Ende.
> 내 인내심이 바닥났어.

• Mach dir keine Sorgen.
걱정하지 마.

A Ich bin wegen der Prüfung nervös.

B Mach dir keine Sorgen. Das wird schon.

A 시험 때문에 초조해 죽겠네.
B 걱정하지 마. 잘 될 거야.

> 관용적으로 많이 쓰는 구문으로, 줄여서
> Keine Sorge!라고도 합니다.

단어 및 표현

stehlen 훔치다 die Polizei 경찰 die Hausaufgaben (복수) 숙제 schwer 어려운; 무거운
versuchen 시도하다 noch einmal 한 번 더 die Geduld 인내 nervös 신경질적인, 짜증나는
Das wird schon. 잘 될 거야.

Tag 028

Meinetwegen.

그러든지.

유사표현 · **Naja ok.** 아무튼 알겠어.
· **Wie du meinst.** 좋으실 대로.

A **Wir *sollten heute Salat essen.**

B **Ich will lieber Pizza essen.**

A **Das ist nicht gesund. Heute gibt es Salat.**

B **Meinetwegen. Aber morgen essen wir Pizza.**

A **Wenn du meinst...**

A 우리 오늘 샐러드 먹으면 좋을 거 같아.

B 나는 피자가 더 먹고 싶은데.

A 그건 건강에 좋지 않아. 오늘은 샐러드야.

B 그러든지. 그렇지만 내일은 피자 먹을 거야.

A 그렇게 하고 싶다면...

✏️ **단어 및 표현**

naja (감탄사) 글쎄, 그저 그래, 여하튼   **heute** 오늘   **der Salat** 샐러드   **essen** 먹다   **lieber** 차라리   **die Pizza** 피자   **gesund** 건강한

왕초보팁 sollten은 여기서 과거형이 아닌, 가정이나 추측, 제안 등의 의미로 사용되는 접속법2식(Konjunktiv II) 표현입니다.

• Ich will lieber ~.

난 (그것보단) ~하고 싶어.

A Ich will Urlaub in Busan machen.
B Ich will lieber nach Jeju reisen.

A 나는 부산에서 휴가를 보낼 거야.
B 난 거기보단 제주도에 가고 싶어.

> 의지나 계획을 의미하는 wollen과
> 부사 lieber가 함께 쓰여 앞서
> 언급된 것과는 다른 무언가를 더
> 하고 싶음을 표현합니다.

• Es gibt ~.

~이 있다.

A Gibt es hier einen Drucker?
B Leider gibt es keinen.

A 여기에 프린터기가 있나요?
B 아쉽게도 없습니다.

> 'Es gibt+4격(Akkusativ)'으로
> '~이 있다', '~이 존재한다'를
> 표현합니다.

• Morgen essen wir Pizza.

내일은 피자 먹을 거야.

A Heute werden wir etwas Gesundes
   essen.
B Okay, aber morgen essen wir Pizza.

A 오늘은 건강한 음식을 먹자.
B 좋아, 그렇지만 내일은 피자 먹을 거야.

> 주어가 wir인 경우 '~하자'는
> 뉘앙스를 가지게 됩니다.
> 즉 '우리 내일 피자 먹자'는
> 의미이기도 합니다.

 단어 및 표현

der Urlaub 휴가   Urlaub machen 휴가를 보내다   der Drucker 프린터기

Tag
029

Ich habe heute blau gemacht.

오늘 결석했어.

유사표현 · Ich habe geschwänzt. 나 결석했어.
· Ich habe mir freigenommen. 나 휴가 냈어.

A   **Warum warst du** heute **nicht** in der Uni?

B   Ich habe heute *blau gemacht.

A   **Ich beneide dich.**

B   **Aber es ist nicht gut für meine Noten.**

A   Das ist wahr.

A   너 오늘 왜 학교에 안 왔어?
B   오늘 결석했어.
A   부럽구만.
B   그렇지만 내 성적에 좋지 않을 거야.
A   그건 인정해.

 단어 및 표현

blau machen 결석하다, 쉬다   **schwänzen** 빼먹다   **freinehmen** 휴식을 갖다   **die Uni** 대학교
beneiden 부러워하다   **die Note** 점수, 평점   **Das ist wahr.** 그건 인정해.

왕초보팁 Roter Faden(핵심주제), Schwarzarbeit(불법노동)와 같이 색으로 된 표현들도 알아두세요.

• Warum warst du nicht ~?

왜 ~에 안 왔어?

A Warum warst du nicht in der Schule?

B Ich habe mich erkältet.

> 동사 sein은 '~에 있다'라는 뜻이지만 본 해석과 같이 '오다'는 뉘앙스를 주는 경우가 많습니다.

A 왜 학교에 안 왔어?
B 감기 걸렸어.

• Ich beneide dich.

네가 부러워.

A Gestern habe ich ein neues Smartphone bekommen.

B Wow, ich beneide dich.

> beneiden과 비슷한 표현으로 neidisch sein이 있습니다. 이 경우 전치사 auf와 결합해서 Ich bin neidisch auf dich.라고 표현합니다.

A 어제 새 스마트폰 샀어.
B 우와, 부럽다.

• Es ist nicht gut für meine Noten.

그건 내 성적에 좋지 않을 거야.

A Du fehlst so oft im Unterricht.

B Ich weiß. Es ist nicht gut für meine Noten.

> '~에 좋지 않다'라는 표현으로 nicht gut für ~를 사용합니다.

A 너 수업에 결석이 너무 잦아.
B 알아. 그건 내 성적에 좋지 않을 거야.

단어 및 표현

sich erkälten 감기에 들다   das Smartphone 스마트폰   bekommen 얻다, 생기다   neidisch 부러운
fehlen 결석하다; 실패하다   oft 자주, 빈번히   der Unterricht 수업   wissen 알다

Tag
030
Was möchtest du mal werden?

너 뭐가 되고 싶니?

유사표현 • Was ist dein Zukunftswunsch? 장래 희망이 뭐야?
• Was willst du später mal machen? 나중에 뭐가 되고 싶니?

A   Was möchtest du *mal werden?

B   Ich will Schauspieler werden. Und du?

A   Ich weiß es noch nicht.

B   Naja, du hast noch viel Zeit.

A   넌 뭐가 되고 싶니?
B   나는 배우가 될 거야. 너는?
A   나는 아직 모르겠어.
B   그래 뭐, 너는 아직 시간이 있으니까.

 단어 및 표현

möchten 원하다   der Zukunftswunsch 장래 희망   später 이후에   werden 되다   der Schauspieler 배우   noch nicht 아직은 아닌

왕초보팁 부사 mal은 '잠깐', '좀', '언젠가' 등의 의미를 더해주는 단어입니다. 이 단어가 없어도 문장은 의미 전달이 되지만 미묘한 뉘앙스를 더하는 데에 도움을 줄 수 있습니다.

• Ich will ~ werden.
나는 ~가 될 거야.

A Ich will **Koch** werden.

B **Super! Ich komme zum Essen zu dir.**

A 나는 요리사가 될 거야.
B 멋져! 너희 가게에 밥 먹으러 갈게.

• Ich weiß es noch nicht.
아직 모르겠어.

A Was willst du zu Weihnachten bekommen?

B Ich weiß es noch nicht. **Und du?**

A 크리스마스에 뭘 받고 싶니?
B 아직 모르겠어. 너는?

> noch nicht(아직 아닌)을 통해 여전히 알지 못하는 상황임을 표현해줍니다.

• Du hast noch Zeit.
너는 아직 시간이 있어.

A Ich muss diese Aufgabe schnell erledigen.

B Du hast noch **viel** Zeit. **Bleib locker.**

A 난 이 과제를 빨리 끝내야 해.
B 아직 시간이 많잖아. 긴장하지 마.

 단어 및 표현

der Koch 요리사 das Essen 음식, 식사 zu Weihnachten 크리스마스에 bekommen 받다, 얻다
die Aufgabe 과제 erledigen 끝내다, 해결하다 Bleib locker. 긴장하지 마.

Tag 031~040

Tag 031

Wo ist die Apotheke?
약국이 어디 있어?

유사표현
- **Wie komme ich zur Apotheke?**
  약국에 어떻게 가나요?
- **Wo kann ich die Apotheke finden?**
  약국을 어디에서 찾을 수 있나요?

A **Suchst du etwas?**

B **Ja. Wo ist die Apotheke?**

A **Sie ist ganz in der Nähe.**

B **In *welche Richtung muss ich gehen?**

A **Hier geradeaus und dann nach links.**

A 뭐 찾고 있어?
B 응. 약국이 어디 있더라?
A 아주 가까이에 있어.
B 어느 쪽으로 가야 해?
A 여기 앞으로 쭉 가다가 왼쪽으로 가.

✏️ **단어 및 표현**

die Apotheke 약국   suchen 찾다   etwas 어떤 것   in der Nähe 근처에   welcher (의문사) 어떤   die
Richtung 방향   geradeaus 곧장   links 왼쪽에

왕초보팁 의문관사 welcher는 주로 명사와 결합하여 사용하며, 해당 명사가 전치사와 결합되어 있다면
'전치사+의문사+명사'의 순으로 함께 사용합니다.

• Suchst du etwas?
뭐 찾고 있어?

A Suchst du etwas?

B Ich suche meine Brille.

A 뭐 찾고 있어?
B 내 안경을 찾고 있어.

> Was suchst du?(무엇을 찾고 있어?)와 유사한 표현입니다.

• Sie ist ganz in der Nähe.
아주 가까이에 있어.

A Gibt es hier eine Bäckerei?

B Ja, sie ist ganz in der Nähe.

A 이 근처에 빵집이 있어?
B 응, 아주 가까이에 있어.

> 명사 die Nähe는 거리상 가까움을 가리키는 말로 in der Nähe(근처에)를 한 구문으로 주로 사용합니다.

• Hier geradeaus und dann nach links.
여기 앞으로 쭉 가다가 왼쪽으로 가.

A Wie komme ich zum Schwimmbad?

B Du gehst hier geradeaus und dann nach links.

A 수영장 어떻게 가?
B 여기 앞으로 쭉 가다가 왼쪽으로 가면 돼.

> 부사 links(왼쪽에)와 rechts(오른쪽에)가 nach와 결합해 왼쪽으로(nach links)와 오른쪽으로(nach rechts)가 됩니다.

 단어 및 표현

die Brille 안경   das Schwimmbad 수영장

Tag 032

Was habt ihr heute gemacht?

너희들 오늘 뭐 했니?

유사표현 · Was habt ihr unternommen? 너희들 뭐 했어?
· Was habt ihr getrieben? 너희들 뭐 했어?

A   Was habt ihr heute gemacht?

B   Wir haben heute nur entspannt.

A   Wie schön! Ich bin ins Kino gegangen.

B   *Das klingt nach viel Spaß.

A   Ja, es war der Hammer.

A   너희들 오늘 뭐 했니?
B   우린 오늘 그냥 쉬었어.
A   멋지다! 난 영화 보러 갔었어.
B   그거 정말 재밌었겠다.
A   응, 꿀잼이었어.

 단어 및 표현

unternehmen 감행하다, 벌이다   treiben 몰다; 행하다   entspannen 쉬다, 긴장을 풀다   schön 좋은, 멋진   klingen 소리 나다; ~처럼 생각되다   nach ~와 같은   der Spaß 재미, 즐거움   Es war der Hammer. 꿀잼이었어.

왕초보팁 das는 지시대명사로 '이것', '저것' 등의 의미를 가지며 전후 문장이나 맥락을 가리키는 표현입니다.

- ## Wir haben entspannt.
  우리는 휴식을 취했어.

  A Was habt ihr am Wochenende gemacht?
  B Wir haben zwei Tage lang entspannt.

  > 시간적 길이를 나타낼 때 부사 lang을 사용합니다.

  A 너희들 주말에 뭐 했어?
  B 우리는 이틀 동안 푹 쉬었어.

- ## Wie schön!
  멋지다!

  A Mein Hobby ist Backen.
  B Wie schön!

  > 의문사 wie와 형용사의 결합으로 감탄의 말을 만들 수 있습니다.

  A 내 취미는 제빵이야.
  B 멋지다!

- ## Das klingt nach viel Spaß.
  그거 정말 재미있겠다.

  A Ich gehe dieses Wochenende surfen.
  B Das klingt nach viel Spaß.

  > 전치사 nach는 여기서 '~처럼'의 의미로 사용되었습니다.

  A 주말에 서핑하러 갈 거야.
  B 그거 정말 재미있을 거 같아.

 단어 및 표현

das Wochenende 주말   das Hobby 취미   das Backen 제빵   surfen 서핑하다

Tag 033

Sie steht dir gut.

너한테 잘 어울려.

유사표현
- Sie sieht gut an dir aus. 너한테 잘 어울려.
- Sie passt gut zu dir. 그거 너랑 잘 어울린다.

A Soll ich diese Bluse kaufen?

B Sie steht dir gut. Und sie ist nicht teuer.

A Echt mal. Ich nehme sie.

B Das ist eine gute Entscheidung.

A 이 블라우스 살까?

B 너한테 잘 어울려. 그리고 비싸지 않네.

A 맞네. 이걸로 살래.

B 좋은 결정이야.

 단어 및 표현

aussehen ~처럼 보이다   passen 맞다, 어울리다   die Bluse 블라우스   kaufen 사다   stehen 어울리다; 서 있다   teuer 비싼   Echt mal. 맞네.   nehmen 가지다, 얻다   die Entscheidung 결정

● **Soll ich diese Bluse kaufen?**

이 블라우스 살까?

A Soll ich diese Bluse kaufen?

B Nein, sie steht dir nicht gut.

A 이 블라우스 살까?
B 아니, 너한테 안 어울려.

● **Ich nehme sie.**

이걸로 살래.

A Die Bücher sind im Angebot.
Kaufst du sie?

B Ja, ich nehme sie.

A 그 책들이 세일 중이네. 살 거야?
B 응, 이걸로 살래.

> 동사 nehmen의 기본적인 의미는
> '가지다', '취하다'이지만 그 외
> 다양한 의미로 사용됩니다. 이
> 경우처럼 상점이나 음식점 등에서는
> 그 상품을 '사겠다', '먹겠다' 등의
> 의미로 쓰입니다.

● **Das ist eine gute Entscheidung.**

좋은 결정이야.

A Ich bin so müde. Ich gehe heute früh schlafen.

B Das ist eine gute Entscheidung.

A 나 너무 피곤해. 오늘은 일찍 자러 갈래.
B 좋은 결정이야.

 단어 및 표현

das Buch 책 das Angebot 판매; 매물 müde 피로한, 지친 früh 이른 schlafen 자다

Tag 034

Ich habe einen Kater.
숙취가 있어.

유사표현 · Ich bin verkatert. 숙취가 있어.
· Mir dröhnt der Schädel. 머리가 울려.

A **Du siehst nicht gut aus.**

B **Ja, ich habe einen Kater.**

A **Ach so, hast du zu viel getrunken?**

B **Ja. Das nächste *Mal bin ich vorsichtiger.**

A 너 안색이 안 좋아 보여.
B 응, 숙취가 있어서.
A 그렇구나, 과음했구나?
B 응. 다음번엔 더 조심해야겠어.

✏️ 단어 및 표현

ein Kater 숙취; (수컷) 고양이   verkatert 숙취가 있는   dröhnen 윙윙거리다   der Schädel 두개골, 머리
viel 많이   trinken 마시다   das Mal 번, 회   vorsichtig 주의 깊은, 신중한

왕초보팁 Mal을 활용한 여러 주요 표현들을 알아두세요.
→ dieses Mal(이번에), zum ersten Mal(처음으로), zum letzten Mal(마지막으로), mehrere Male(여러 번)

• Du siehst nicht gut aus.
너 안색이 안 좋아 보여.

A Du siehst nicht gut aus.

B Ja, ich bin heute sehr müde.

A 너 안색이 안 좋아 보여.
B 응, 나 오늘 너무 피곤해.

• Hast du zu viel getrunken?
과음했니?

A Mein Kopf tut weh und mir ist übel.

B Hast du **gestern** zu viel getrunken?

A 머리가 아프고 속이 메스꺼워.
B 어제 과음했어?

> 동사 trinken은 물이나 음료뿐
> 아니라 술을 마신다는 의미도
> 가지고 있습니다.
> Mir ist übel.과 같이
> 1격(Nominativ)을 사용하지 않고
> 3격(Dativ)을 사용해야 함을
> 유의하세요.

• Das nächste Mal bin ich vorsichtiger.
다음번엔 더 조심할게.

A Pass auf! Du hast mir wehgetan!

B Entschuldige! Das nächste Mal bin ich vorsichtiger.

A 조심해! 왜 아프게 하고 그래!
B 미안해! 다음번엔 더 조심할게.

> 4격(Akkusativ) 표현인 das
> nächste Mal은 여기서 목적어가
> 아닙니다. 시간이나 때를 표현하는
> 경우 이와 같이 Akkusativ를
> 사용하곤 합니다.

 단어 및 표현

müde 피곤한 **der Kopf** 머리 **übel** 역겨운, 불쾌한 **aufpassen** 주의하다, 조심하다 **wehtun** 아프게 하다 **entschuldigen** 용서하다

Tag 035

Er ist blau.
그는 취했어.

유사표현
- Er ist betrunken. 그는 술에 취했어.
- Er ist total zu. 그는 완전히 취했어.

A   Warum ist er so komisch?

B   Er ist blau.

A   *Ach je. Er soll es nicht übertreiben.

B   Du hast Recht. Er sollte vernünftig sein.

A   Meine Rede.

A   쟤 왜 이렇게 이상하게 굴어?
B   취해서 그래.
A   저런. 너무 과하게 마시면 안 될 텐데.
B   맞아. 정신 좀 차려야 해.
A   동의해.

 단어 및 표현

blau 파란색의; 만취한   sich betrinken 취하도록 마시다   total 완전히   zu 닫힌   komisch 이상한
übertreiben 과하게 하다   vernünftig 이성적인   Meine Rede. 동의해.

왕초보팁 Ach je.는 감탄의 표현을 나타낼 때 쓰입니다. 그 외에 Ach so.(아 그렇군), Aua!(아야!) 등이 있습니다.

• Warum ist er so komisch?

쟤 왜 이렇게 이상하게 굴어?

A Warum ist er so komisch?

B Er ist schlecht gelaunt.

A 쟤 왜 이렇게 이상하게 굴어?
B 기분이 별로여서 그래.

> komisch는 lustig(재밌는)의 의미와 달리 행동이 우스꽝스럽고 이상할 때 쓰는 형용사입니다.

• Er soll es nicht übertreiben.

너무 과하면 안 될 텐데.

A Peter macht jeden Tag vier Stunden Sport.

B Wow! Er soll es nicht übertreiben.

A 페터는 매일 네 시간씩 운동해.
B 우와! 너무 과하게 하면 안 될 텐데.

> 화법조동사 sollen은 주로 제삼자에게 명령이나 요구를 말할 때 사용하거나, 화자의 바람이나 희망을 표현할 때 사용합니다.

• Er sollte vernünftig sein.

그는 정신 좀 차려야 해.

A Justus geht immer spät ins Bett.

B Er soll vernünftig sein und früher schlafen.

A 유스투스는 항상 늦게 자러 가더라.
B 걔는 정신 좀 차리고 더 일찍 자야 해.

> 본래 vernünftig는 '이성적인'이란 의미이며, 대화문과 같이 '정신을 차린'이란 의미로 사용되기도 합니다.

 단어 및 표현

gelaunt ~한 기분이 드는   Sport machen 운동하다   jeden Tag 매일   die Stunde (단위로서의) 시간
ins Bett gehen 자러 가다   spät 늦은   das Bett 침대

Tag 036

Wie du meinst.

하고 싶은 대로 해.

유사표현 · **Was auch immer.** 뭐든 간에요.
· **Dann mach halt.** 그럼 그렇게 하든지.

A Was für schöne Ohrringe!

B Sind sie nicht zu auffällig?

A Aber sie sind so günstig.

B Wie du meinst. Dann kauf sie ruhig.

A 이 귀걸이가 너무 예쁘다!

B 너무 튀지 않아?

A 그렇지만 완전 저렴하잖아.

B 하고 싶은 대로 해. 그럼 그냥 사.

 단어 및 표현

meinen 생각하다 **halt** 그냥 **die Ohrringe** (복수) 귀걸이 **auffällig** 두드러지는, 눈에 띄는 **günstig** 저렴한 **ruhig** 그냥; 고요한; 걱정 없는

• Was für schöne Ohrringe!
이 귀걸이 너무 예쁘다!

A Was für schöne Ohrringe!

B Ja, kauf sie! Sie stehen dir sehr gut.

A 이 귀걸이 너무 예쁘다!
B 맞아, 그거 사! 너한테 엄청 잘 어울린다.

> 의문관사 was für ein은 감탄을 표현할 때도 사용할 수 있습니다. 명사가 단수냐 복수냐에 따라 ein을 잘 활용해야 합니다. 또한 여기서 사용된 für는 전치사가 아니므로 반드시 4격(Akkusativ)과 결합해 사용할 필요가 없습니다.

• Sind sie nicht zu ~?
너무 ~지 않아?

A Sind diese Handschuhe nicht zu teuer?

B Aber sie sind sehr warm und weich.

A 이 장갑 너무 비싸지 않아?
B 하지만 엄청 따뜻하고 부드러운걸.

> 긍정적 답변을 기대하여 질문하고자 할 때 nicht를 사용합니다.

• Dann kauf sie ruhig.
그럼 그냥 사.

A Diese Jacke hat gute Qualität.

B Dann kauf sie ruhig.

A 이 재킷 고급스럽다.
B 그럼 그냥 사.

> 형용사 ruhig는 여기서 자극이나 격려를 북돋아 주는 뉘앙스를 더해주는 불변화사입니다.

---

die Handschuhe (복수) 장갑   teuer 비싼   warm 따뜻한   weich 부드러운   die Qualität 품질

95

Tag 037

Kennst du dieses Buch?

너 이 책 알아?

유사표현
- **Kennst du das?** 너 그거 알아?
- **Sagt dir das was?** 그게 뭔지 말해줄래?

A   Kennst du dieses Buch?

B   Ja, ich habe davon gehört.

A   Hast du es schon einmal gelesen?

B   Nein, aber ich will es lesen.

A   Ich kann es wirklich nur empfehlen.

A   너 이 책 알아?
B   응, 그것에 대해 들어봤어.
A   이거 읽어본 적 있어?
B   아니, 그렇지만 읽어보려고 해.
A   난 이거 진짜 추천하고 싶어.

 단어 및 표현

kennen 알다   davon 그것에 관하여   hören 듣다   schon 이미, 벌써   einmal 한번   lesen 읽다
wirklich 정말로   empfehlen 추천하다

• Ich habe davon gehört.
그것에 대해서 들어봤어.

A Diese Woche kommt ein Filmstar in unsere Stadt.
B Ich habe davon gehört. Sehr cool!

> hören von ~는 '~에 관하여
> 들어서 알고 있다'라는 뜻입니다.
> 여기서 사용된 von은 보통 명사와
> 결합하지만 앞서 나온 내용을
> 가리키기 위해서 davon(그것에
> 관하여)을 사용했습니다.

A 이번 주에 유명한 영화배우가 우리 도시에 온대.
B 그것에 대해 들었어. 너무 좋다!

• Hast du es schon einmal gelesen?
이거 읽어본 적 있어?

A Dieses Buch ist toll. Hast du es schon einmal gelesen?
B Nein, ich mag Bücher nicht so.

A 이 책 짱이다. 이거 읽어본 적 있어?
B 아니, 난 책 별로 안 좋아해.

• Ich will es lesen.
나는 그거 읽을 거야.

A Dieses Buch ist sehr spannend.
B Ich will es diese Woche lesen!

A 이 책 정말 재미있다.
B 나 그거 주말에 읽을래!

> 의지를 표현하는 화법조동사
> wollen을 활용해 자신이 계획하여
> 하고자 하는 일을 표현할 수 있습니다.
> 주의할 점은 이 동사가 단순한 미래를
> 표현하지 않는다는 것입니다. 다음을
> 비교해보세요.
>
> Morgen werden wir in Berlin sein.
> 내일이면 베를린에 있을 거야.
> Morgen wollen wir in Berlin sein.
> 내일 베를린에 있으려고.

 단어 및 표현

die Woche 주   der Filmstar 인기 영화배우   die Stadt 도시   cool 아주 좋은   toll 멋진   spannend
재미있는, 흥미진진한   morgen 내일   werden (미래) ~일 것이다

Tag 038

Gratuliere!
축하해!

유사표현 · Glückwunsch zur Beförderung! 승진 축하드려요!
· Alles Gute zum Geburtstag. 생일 축하해.

A **Hör mal,** Sophie und ich werden bald heiraten.

B Gratuliere! Habt ihr es schon *allen erzählt?

A **Nein,** wir wollen es noch nicht an die große Glocke hängen.

B Wow, das wird eine Überraschung!

A Ganz bestimmt.

A 있잖아, 소피랑 나 곧 결혼할 거야.
B 축하해! 다른 사람들한테도 벌써 얘기했어?
A 아니, 아직 공개 안 하려고 해.
B 우와, 엄청 놀라겠는걸!
A 분명 그럴 거야.

단어 및 표현

gratulieren 축하하다 der Glückwunsch 축하 인사 die Beförderung 승진 heiraten 결혼하다
erzählen 이야기하다 die Glocke 종 hängen 걸다 die Überraschung 놀람 Ganz bestimmt.
분명 그럴 거야.

왕초보팁 alle는 3격(Dativ)에서 allen(모두에게)이 됩니다.

• Hör mal,
있잖아,

A Hör mal, hast du morgen Zeit?

B Ja, ich habe morgen frei.

A 있잖아, 내일 시간 있어?
B 응, 나 내일 쉬는 날이야.

> Hör mal을 직역하면 '좀 들어봐'라는 뜻으로, 어떤 사실을 얘기하고자 주의를 환기할 때 자주 쓰는 표현입니다.

• Wir wollen es noch nicht an die große Glocke hängen.
아직 공개 안 하려고 해.

A Wurdest du gefeuert? Das tut mir leid!

B Erzähl es keinem. Ich will es nicht an die große Glocke hängen.

A 너 잘렸다고? 어째!
B 아무한테도 말하지 마. 아직 공개 안 하려고 해.

> 큰 종에 걸어두고 치면 동네 사람들이 모두 알게 되겠죠? 그래서 아직은 비밀로 하겠다는 표현으로 이를 사용합니다.

• Das wird eine Überraschung!
엄청 놀라겠는걸!

A Wir planen eine Party für Sabrina.

B Das wird eine Überraschung!

A 사브리나를 위한 파티를 계획 중이야.
B 엄청 놀라겠는걸!

> 기대하지 않은 어떤 일이 일어날 때 쓰는 표현이 Überraschung(놀람)입니다. 그래서 '선물'의 의미로도 사용하기도 합니다.

 단어 및 표현

die Zeit 시간   freihaben 쉬다   feuern 불태우다; 해고하다   planen 계획하다   die Party 파티

Tag 039

Alles in Butter.
다 좋아.

유사표현
- Alles super. 모두 훌륭합니다.
- Alles in Ordnung. 다 괜찮아요.

A Wie läuft es so bei dir?

B *Alles in Butter.

A Das ist toll! Weiter so.

B Du bist auch sehr fleißig. Respekt!

A 어떻게 지내?

B 다 좋아.

A 좋네! 앞으로도 그러하길.

B 너도 항상 열심이잖아. 멋져!

 단어 및 표현

die Butter 버터   die Ordnung 질서   laufen 진행되다; 달리다   bei ~곁에   weiter 계속해서, 이어서
fleißig 성실한   der Respekt 존경, 존중

왕초보팁 alles는 단수, alle는 복수로 취급합니다.

• Wie läuft es so bei dir?
어떻게 지내?

짧게 줄여서 Wie läuft's?라고 하기도 합니다.

A Wir haben uns lange nicht gesehen.
Wie läuft es so bei dir?

B Alles läuft gut.

A 오랜만이야. 어떻게 지내?
B 잘 지내지.

• Weiter so.
앞으로도 그러하길.

A Das hast du toll gemacht. Weiter so.

B Danke!

A 멋지게 해냈네. 앞으로도 그러하길.
B 고마워!

• Respekt!
멋져!

A Er hat das Haus alleine gebaut.

B Wirklich? Respekt!

A 그가 이 집을 혼자 지었어.
B 정말? 멋지다!

 단어 및 표현

sehen 보다 machen 만들다; 하다 das Haus 집, 주택 bauen 짓다, 세우다

Tag 040

Ich bin pleite.

무일푼이야.

유사표현
- **Ich habe kein Geld.** 난 돈이 없어.
- **Ich bin blank.** 난 돈이 전혀 없어.

A ***Oje, ich bin pleite.**

B **Was ist passiert?**

A **Ich habe zu viel Geld ausgegeben.**

B **Du musst sparsamer sein.**

A **Ich werde mir Mühe geben.**

A 이런, 나 땡전 한 푼 없어.
B 무슨 일 있었어?
A 돈을 너무 많이 써버렸어.
B 너는 좀 더 절약할 필요가 있어.
A 노력해볼게.

단어 및 표현

pleite 파산한, 무일푼의 **das Geld** 돈 **blank** 빛나는; 순전한 **passieren** 발생하다 **ausgeben** 지급하다, 지출하다 **sparsam** 절약하는, 검소한 **die Mühe** 노력

왕초보팁 oje 는 '아이고', '이런'의 의미로 놀라거나 당황했음을 표현하는 감탄사입니다.

• Was ist passiert?
무슨 일 있었어?

A Was ist passiert?

B Es hat plötzlich geregnet.

A 무슨 일 있었어?
B 갑자기 비가 내렸어.

> 동사 passieren은 sein 동사와 결합해 현재완료를 만듭니다. 따라서 이 표현은 과거에 어떤 일이 일어나 지금에 영향을 미쳤을 때 걱정하며 쓰는 질문입니다.

• Du musst sparsamer sein.
너는 좀 더 절약할 필요가 있어.

A Ich habe all mein Geld ausgegeben.

B Du musst sparsamer sein.

A 나 돈을 전부 써버렸어.
B 너는 좀 더 절약할 필요가 있어.

> 화법조동사 müssen은 '~해야 한다', '~할 필요가 있다' 등의 뜻으로 사용됩니다.

• Ich werde mir Mühe geben.
노력해볼게.

A Das ist ein sehr wichtiges Projekt.

B Okay, ich werde mir Mühe geben.

A 이건 정말 중요한 프로젝트야.
B 알겠어, 노력해볼게.

> '최선을 다하다'라는 표현은 sich[Dativ] Mühe geben으로, 재귀대명사를 반드시 사용해야 합니다.

 단어 및 표현

plötzlich 갑자기 | regnen 비가 내리다 | wichtig 중요한 | das Projekt 프로젝트, 연구 과제

원어민 MP3와
저자 해설강의를 들어 보세요

Tag 041~050

Tag 041

Sprich mich nicht an!

나 좀 내버려 둬!

유사표현 · **Bleib weg von mir.** 나한테서 떨어져.
· **Komm mir nicht zu nahe.** 가까이 오지 마.

A **Sprich mich nicht an!**

B **Bist du schlecht drauf?**

A **Ich habe Kopfschmerzen.**

B **Hier, *nimm diese Medizin.**

A **Lieb von dir.**

A 나 좀 내버려 둬!
B 컨디션이 별로야?
A 두통이 심해.
B 자, 이 약 먹어봐.
A 착하다.

 단어 및 표현

ansprechen 부르다, 말을 걸다   schlecht 나쁜   drauf (= darauf) 그 위에   die Kopfschmerzen (복수)
두통   die Medizin 약품, 의학   Lieb von dir. (= Das ist lieb von dir.) 착하다. (고맙다는 의미)

왕초보팁 동사 nehmen은 '갖다', '취하다', '(교통수단을) 타다', '(약을) 먹다' 등 다양한 의미로 사용됩니다.

• Bist du schlecht drauf?

컨디션이 별로야?

A Bist du schlecht drauf?

B Ja, ich habe schlechte Laune.

> schlecht drauf sein 구문은 젊은이들 사이에서 기분이나 컨디션 등이 좋지 않을 때 쓰며, 반대말로는 gut drauf sein이 있습니다.

A 컨디션이 별로야?
B 응, 기분이 안 좋아.

• Ich habe Kopfschmerzen.

두통이 심해.

A Ich habe Kopfschmerzen.

B Dann geh schnell schlafen.

> 고통을 뜻하는 der Schmerz는 대개 복수로 사용합니다.

A 두통이 심해.
B 그럼 빨리 자러 가.

• Hier,

자,

A Ich interessiere mich für Haie.

B Hier, lies dieses Buch.

A 난 상어에 관심이 많아.
B 자, 이 책 읽어봐.

 단어 및 표현

die Laune 기분   schnell 빠른   sich interessieren für ~ ~에 관심이 있다   der Hai 상어   lesen 읽다

Tag 042

Ich habe den Faden verloren.

무슨 말 하려고 했더라.

유사표현
- Wovon habe ich geredet...? 내가 무슨 말 했어?
- Was wollte ich sagen...? 뭘 말하려고 했더라...?

A Und dann...

B **Wie bitte?** Was ist dann passiert?

A Sorry, ich habe den Faden verloren.

B *Haha, **fang noch einmal von vorne an.**

A **Ach ja!** Ich weiß es wieder.

A 그러고 나서...
B 뭐라고? 그러고 나서 뭔 일이 일어났는데?
A 미안, 무슨 말 하려고 했더라.
B 하하, 처음부터 다시 한번 해봐.
A 아 맞다! 다시 생각났어.

✏️ **단어 및 표현**

reden 말하다   der Faden 실; 테마   verlieren 잊어버리다   wovon 무엇에 관하여   anfangen 시작하다
vorne 앞에   Ich weiß es wieder. 다시 생각났어.

왕초보팁 haha는 재밌는 일이 있을 때 웃음을 나타내는 감탄사입니다. 또한 채팅창에서 영어표현인 lol(웃기다)도 많이
사용합니다.

• Wie bitte?
뭐라고?

A Hast du schon alles eingepackt?
B Wie bitte? Bitte sprich langsam.

A 짐들 전부 다 쌌어?
B 뭐라고? 천천히 얘기해줘.

• Fang noch einmal von vorne an.
처음부터 다시 한번 해봐.

A Ich habe hier irgendwo einen Fehler gemacht.
B Kein Problem. Fang noch einmal von vorne an.

A 내가 이쯤 어디서 틀린 거 같아.
B 괜찮아. 처음부터 다시 한번 해봐.

> 분리동사 anfangen을 이용한 표현입니다. 전치사 von이 부사인 vorne와 결합하여 '처음부터'라는 의미로 사용되었습니다. 전치사는 종종 부사와 결합하여 사용할 수도 있습니다.

• Ach ja!
아 맞다!

A Triffst du dich heute mit Mara?
B Ach ja! Ich habe es beinah vergessen!

A 너 오늘 마라 만나는 거지?
B 아 맞다! 까먹을 뻔했네!

 단어 및 표현

einpacken 싸다, 포장하다   sprechen 말하다   langsam 천천히   der Fehler 오류, 잘못   das Problem 문제   sich treffen mit ~ ~와 만나다   beinah 거의

Tag 043

Ich liebe Pizza!
나 피자 완전 좋아해!

유사표현 · Ich mag Pizza. 나 피자 좋아해.
· Ich kann ohne Pizza nicht leben. 난 피자 없이 살 수 없어.

A **Was ist dein Lieblingsessen?**

B **Ich liebe Pizza!**

A ***Wirklich? Aber Pizza ist sehr fettig.**

B **Mmh, Suppe esse ich auch gerne.**

A 제일 좋아하는 음식이 뭐야?

B 나 피자 완전 좋아해!

A 정말? 근데 피자는 너무 기름지잖아.

B 음, 수프 먹는 것도 좋아해.

 단어 및 표현

lieben 사랑하다 die Pizza 피자 mögen 좋아하다 ohne ~없이 leben 살다 das Lieblingsessen 가장 좋아하는 음식 fettig 기름진 die Suppe 수프

왕초보팁 Wirklich?처럼 반문하며 쓰는 표현들도 알아두세요.
→ Echt?(정말?), Was?(뭐라고?), Unglaublich!(믿기질 않아!)

 **Mini Dialog**

• Was ist dein Lieblingsessen?
제일 좋아하는 음식이 뭐야?

A Was ist dein Lieblingsessen?

B Mein Lieblingsessen ist Pasta.

A 제일 좋아하는 음식이 뭐야?
B 내가 제일 좋아하는 음식은 파스타야.

> Lieblings-를 붙여주면 '가장
> 좋아하는'이라는 표현이 됩니다.

• Pizza ist fettig.
피자는 기름져.

A Pizza ist fettig. Aber sehr lecker.

B Iss nicht zu viel!

A 피자는 기름지긴 한데 너무 맛있어.
B 너무 많이 먹지 마!

> 현대인에게 음식이
> fettig하다거나 süß하다는 건
> 좋은 것으로 여겨지지 않는
> 편입니다. 이와 반대되는 단어로
> gesund를 들 수 있겠죠.

• Suppe esse ich gerne.
나는 수프 먹는 걸 좋아해.

A Welches Essen soll ich für dich kochen?

B Suppe esse ich gerne.

A 어떤 음식 해줄까?
B 나는 수프 먹는 걸 좋아해.

 단어 및 표현

die Pasta 파스타   lecker 맛있는   viel 많은, 많이   süß 달달한   gesund 건강한   kochen 요리하다

Tag 044

Kann ich dich etwas fragen?

뭐 좀 물어봐도 될까?

유사표현 · Kann ich dir eine Frage stellen? 질문해도 될까?
· Darf ich kurz stören? 잠깐 방해해도 될까?

A **Kann ich dich etwas *fragen?**

B **Natürlich.**

A **Kannst du mir beim Umzug helfen?**

B **Das mache ich gerne.**

A **Du bist ein Schatz!**

A 뭐 좀 물어봐도 될까?
B 물론이지.
A 나 이사하는 것 좀 도와줄 수 있어?
B 기꺼이 할게.
A 너밖에 없어!

 단어 및 표현

fragen 질문하다   eine Frage stellen 질문하다   kurz 잠깐   stören 방해하다   natürlich 물론. 당연히
der Umzug 이사   helfen 도움을 주다   Du bist ein Schatz! 너밖에 없어!

왕초보팁 동사 fragen은 4격(Akkusativ) 지배 동사임을 유의하세요.

• Natürlich.
물론이지.

A Willst du zusammen mit mir zu Abend essen?

B Natürlich!

A 오늘 저녁 같이 먹을래?
B 물론이지!

> Ja보다 더 확실성을 가진 대답을 할 때 사용하는 표현입니다. 다른 표현으로는 Selbstverständlich!가 있습니다.

• Kannst du mir helfen?
나 좀 도와줄 수 있어?

A Kannst du mir helfen?

B Ja, ich komme sofort.

A 나 좀 도와줄 수 있어?
B 그래, 바로 갈게.

> 화법조동사 können은 능력이나 가능성 외에도 허락이나 권리를 표현하기도 합니다.

• Das mache ich gerne.
기꺼이 할게.

A Vielen Dank für deine Hilfe!

B Das mache ich gerne.

A 도와주는 거 정말 고마워.
B 기꺼이 할게.

 단어 및 표현

mit (부사) 함께   zu Abend essen 저녁식사하다   selbstverständlich 자명한, 당연한   sofort 즉시, 바로
die Hilfe 도움

113

Tag 045

Heute ist es wolkig.

오늘 구름이 끼었네.

유사표현
- Es ist bewölkt. 구름이 끼었네.
- Es ist düster. 흐리네.

A   Gestern war *es sehr warm.

B   Stimmt. Aber heute ist es wolkig.

A   Ich hoffe, dass es bald wieder wärmer wird.

B   Ja, ich mag mildes Wetter.

A   어제는 따뜻했어.

B   맞아. 오늘은 구름이 끼었네.

A   날이 다시 좀 따뜻해졌으면 좋겠다.

B   응. 나는 온화한 날씨가 좋아.

 단어 및 표현

wolkig 구름이 낀   bewölkt 구름이 낀   düster 흐린   gestern 어제   warm 따뜻한   bald 곧   mild 온화한, 부드러운

왕초보팁 날씨를 표현할 때 비인칭 주어 es를 활용합니다.

- **Gestern war es sehr warm.**
  어제는 따뜻했어.

  A Heute ist es kalt.

  B Ja, aber gestern war es sehr warm.

  > 과거의 날씨를 표현하기
  > 위해 sein 동사의 과거형
  > war가 사용되었습니다.

  A 오늘 너무 춥다.
  B 응, 어제는 따뜻했었는데.

- **Ich hoffe, dass ~.**
  ~하면 좋겠어.

  A Ich bin schon wieder erkältet.

  B Oje, ich hoffe, dass es dir bald besser geht.

  > 바람과 희망을 말할 때 사용하는
  > 표현입니다. 간단히 줄여서
  > hoffentlich를 사용할 수 있습니다.

  A 나 또다시 감기에 걸렸어.
  B 저런, 어서 낫기를 바라.

- **Ich mag mildes Wetter.**
  나는 온화한 날씨가 좋아.

  A Ich mag mildes Wetter.

  B Ich mag Regenwetter.

  > '~을 좋아해'라는 표현으로 가장
  > 익숙한 표현은 Ich mag ~입니다.
  > 이렇게 질문해볼 수도 있겠죠
  >
  > Magst du auch mildes Wetter?
  > 너도 온화한 날씨 좋아해?
  > – Nein, ich mag kaltes Wetter.
  > 아니 난 추운 날씨가 좋아.

  A 나는 온화한 날씨가 좋아.
  B 나는 비 오는 날씨가 좋더라.

단어 및 표현

kalt 찬 sehr 아주 bald 곧 das Regenwetter 비 오는 날씨

Tag 046

Warte bitte auf mich.

나 좀 기다려줘.

유사표현 · Warte kurz. 잠깐만 기다려.
· Geh nicht ohne mich. 나 없이 가지 마.

A Kommst du noch?

B Ja, ich bin auf dem Weg.

A Beeil dich. Der Film fängt gleich an.

B Okay. *Warte bitte auf mich.

A 오고 있는 거야?
B 응, 가는 길이야.
A 서둘러. 영화가 곧 시작해.
B 알겠어. 나 좀 기다려줘.

 단어 및 표현

warten 기다리다 kurz 잠시 kommen 오다 noch 아직 der Weg 길, 방법 sich beeilen 서두르다
der Film 영화 anfangen 시작하다

왕초보팁 동사 warten은 전치사 auf와 결합하여 기다리는 대상을 표현해줍니다.

• Kommst du noch?
오고 있는 거야?

A Kommst du noch?

B Ja, ich bin fast da.

A 오고 있는 거야?
B 응, 거의 다 왔어.

> noch(아직)이란 단어를 통해 오는 중임을 표현합니다. 두 문장의 차이를 비교해보세요.
> Kommst du noch?(올 거니?) / Bist du schon angekommen? (벌써 왔어?)

• Ich bin auf dem Weg.
가는 길이야.

A Ich bin jetzt auf dem Weg zu dir.

B Fahr vorsichtig.

A 너한테 가는 길이야.
B 조심히 와.

• Der Film fängt gleich an.
영화가 곧 시작해.

A Der Unterricht fängt gleich an. Beeil dich!

B Ich bin fast da.

A 수업이 곧 시작해. 빨리 와!
B 거의 다 왔어.

> 분리동사 anfangen을 활용해 어떤 행사나 수업 등이 시작됨을 표현할 수 있습니다. 비분리동사인 beginnen도 같은 의미로 사용 가능합니다.

 단어 및 표현

fast 거의   da (= dort) 거기   fahren 가다; 타다; 운전하다   vorsichtig 주의 깊은   der Unterricht 수업

117

Tag 047

Das geht mir auf den Keks!

너무 짜증 나!

유사표현 · Das nervt mich! 짜증 나!
· Das stört mich total! 괴로워!

A Das geht mir auf den Keks!

B Stimmt was nicht?

A Vanessa ist *immer so laut in der Wohnung.

B Das ist wirklich ärgerlich.

A Aber echt mal.

A 너무 짜증 나!
B 무슨 일인데?
A 바네사가 늘 집에서 너무 시끄러워.
B 완전 짜증 날 만 하네.
A 근데 진짜야.

 단어 및 표현

der Keks 과자, 비스킷 nerven 짜증나게 하다 stören 방해하다 stimmen 맞다, 어울리다 laut 소리가 큰 die Wohnung 집, 방 ärgerlich 짜증 난

왕초보팁 빈도를 표현하는 다양한 표현들을 알아두세요.
→ immer(항상), oft(자주), manchmal(때때로), selten(거의), nie(전혀)

- ## Stimmt was nicht?
  무슨 일인데?

  A Stimmt was nicht?

  B Ich habe heute nicht gut geschlafen.

  A 무슨 일인데?
  B 난 오늘 잠을 잘 못 잤어.

  > 이 표현은 Was ist denn los?와 비슷한 표현입니다.

- ## Vanessa ist immer so laut in der Wohnung.
  바네사가 늘 집에서 너무 시끄러워.

  A Warum willst du auf einmal aus der WG ausziehen?

  B Vanessa ist immer so laut in der Wohnung.

  A 너 왜 갑자기 WG에서 나가려는 거야?
  B 바네사가 늘 집에서 너무 시끄러워.

- ## Das ist wirklich ärgerlich.
  완전 짜증 날 만 하네.

  A Ich habe mir gestern ein neues Handy gekauft
  und es heute verloren.

  B Das ist wirklich ärgerlich.

  A 어제 새로운 핸드폰 샀는데, 오늘 잃어버렸어.
  B 완전 짜증 날 만 하네.

 단어 및 표현

schlafen 자다 auf einmal 갑자기 WG 공동주거지 ausziehen 이사 나가다 das Handy 핸드폰
verlieren 잃어버리다

Tag 048

Es gefällt mir nicht.

마음에 들지 않네.

유사표현
- Ich mag es nicht. 난 그거 안 좋아해.
- Ich finde es geschmacklos. 그거 촌스러운 거 같아.

A **Schau mal,** ich habe dieses Bild *für die Wohnung gekauft.

B Es gefällt mir nicht.

A Was? **Wieso denn nicht?**

B **Es passt gar nicht zu mir.**

A Okay. Ich gebe es zurück.

A 이것 좀 봐봐. 집에 어울릴 그림을 샀어.
B 마음에 안 드는데.
A 뭐? 왜 별로야?
B 내 스타일이 아니잖아.
A 알겠어. 환불해야겠다.

✏️ **단어 및 표현**

schauen 보다 das Bild 그림 gefallen 마음에 들다 denn 도대체 passen 알맞다 zurückgeben 환불하다; 돌려주다

왕초보팁 전치사 für는 목적이나 적합성을 표현할 때 사용할 수 있습니다.

• Schau mal.
이것 좀 봐봐.

A Schau mal. Da drüben hat ein neues Geschäft aufgemacht.
B Lass uns direkt mal hingehen.

A 이것 좀 봐봐. 저쪽 편에 새로운 가게가 열었어.
B 그럼 거기로 바로 가보자.

> 주의를 환기시키며 말을 이어나갈 때, 특히 어떤 가시적 대상을 보여주며 말할 때 사용합니다. 비슷한 표현으로 Guck mal.이 있습니다.

• Wieso denn nicht?
왜 ~아닌데?

A Ich verstehe gar nichts.
B Wieso denn nicht? Das ist doch ganz einfach.

A 하나도 이해를 못 하겠어.
B 왜 이해를 못 해? 이거 완전 쉽잖아.

> 불변화사 denn은 '도대체'라는 의미를 더해주고 있으며, 생략하더라도 의미전달은 가능합니다. 불변화사 doch는 상대의 의견에 반하여 긍정을 기대하는 뉘앙스(~하잖아, ~하지 않니)를 전달합니다. 이 역시 생략할 수 있지만 뉘앙스 차이는 있습니다.

• Es passt gar nicht zu mir.
나한테 전혀 어울리지 않아.

A Ich mag dieses Kleid. Es ist hübsch.
B Nein, es passt gar nicht zu dir.

A 이 원피스 좋다. 예쁘네.
B 아니야, 너한테 전혀 어울리지 않아.

> 동사 passen이 전치사 zu와 함께 사용되면 '(스타일 등이) 어울리다'라는 의미로 사용됩니다. zu 없이 사용되는 경우에는 '(사이즈 등이) 맞다'는 의미가 됩니다.

단어 및 표현

das Geschäft 가게   aufmachen 열다, (업무가) 시작되다   direkt 곧장   hingehen (그쪽으로) 가다
gucken 보다   verstehen 이해하다   doch 참으로; 그러나   einfach 쉬운, 간단한   das Kleid 원피스
hübsch 멋진, 예쁜

Tag 049

Jetzt sind wir quitt.

우리 이제 빚진 거 없는 거야.

유사표현 · Jetzt sind wir uns nichts mehr schuldig. 이제 아무 것도 없는 거야.
· Jetzt sind die Schulden beglichen. 이제 빚 없다.

A Paul, **du schuldest mir** noch **20 Euro.**

B Hier bitte. Jetzt sind wir quitt.

A **Übrigens,** hast du dein Geld von Jasmin bekommen?

B Nein. **Ich muss mich** morgen **darum kümmern.**

A 파울, 너 나한테 아직 20유로 갚을 돈 있어.
B 자 여기. 우리 이제 빚진 거 없는 거야.
A 그런데 말이야. 너 야스민한테 돈 받았어?
B 아니. 그건 내일 해결해야 해.

단어 및 표현

quitt (책임) 면한   schuldig 빚이 있는   die Schuld 채무, 빚   begleichen (빚을) 갚다   schulden 빚지다
übrigens 그나저나, 그런데   bekommen 얻다   sich kümmern um ~에 신경을 쓰다, 보살피다

- ## Du schuldest mir 20 Euro.
너 나한테 20유로 빚졌어.

대상은 3격(Dativ), 금액은
4격(Akkusativ)으로 사용합니다.

A Hey Karl, du schuldest mir 20 Euro.

B Entschuldige, das habe ich vergessen.

A 저기 칼, 너 나한테 20유로 빚졌어.
B 미안, 까먹었어.

- ## Übrigens,
그런데 말이야,

A Übrigens, ich ziehe nächste Woche um.

B Wirklich? Ich kann dir helfen.

A 그런데 말이야. 나 다음 주에 이사해.
B 정말로? 내가 도와줄게.

- ## Ich muss mich darum kümmern.
그거 처리해야 해.

동사 kümmern의 기본적인 의미는
'돌보나', '보살피다'입니다. 앞서
언급된 사태를 돌보는 일이므로,
대화처럼 펑크기 난 문제는 핑크를
때우거나 바퀴를 교환하는 것을
가리킬 것입니다. 통상 전치사 um
뒤에 해결할 일을 쓰게 되는데,
이미 문제가 언급되어 있으므로
darum으로 표현하였습니다.

A Hey, dein Fahrrad hat einen Platten.

B Ich weiß. Ich muss mich **bald** darum kümmern.

A 저기, 네 자전거 펑크 났어.
B 알고 있어. 조만간 처리해야 해.

 단어 및 표현

umziehen 이사하다   das Fahrrad 자전거   einen Platten haben 펑크가 나다   bald 곧

Tag 050

Na du?

안녕?

유사표현
- **Hey.** 안녕.
- **Wie geht's?** 잘 지내?

A **Na du? Hast du dich erholt?**

B **Naja. Ich habe *immer noch Halsschmerzen.**

A **Oje. Dann trink viel Tee und ruh dich aus.**

B **Danke, das werde ich machen.**

A **Mach's gut.**

A 안녕? 좀 괜찮아졌어?

B 그냥 그래. 목이 여전히 아파.

A 저런. 그럼 차 좀 많이 마시고 쉬어.

B 고마워. 그렇게 할게.

A 잘 지내.

 단어 및 표현

sich erholen 쉬다. 회복되다   die Halsschmerzen (복수) 인후통   der Tee 차   sich ausruhen 쉬다.
휴양하다

양초보팁 immer noch는 noch 를 더욱 강조한 표현이며 noch immer라고 하기도 합니다.

124

• Hast du dich erholt?
좀 괜찮아졌어?

A Ich hatte letzte Woche einen kleinen Unfall.

B Oh nein! Hast du dich denn wieder erholt?

> 재귀동사 erholen은 질병이나 고통으로부터 회복되었음을 표현합니다.

A 저번 주에 조금 다쳤어.
B 오 저런! 다시 회복된 거야?

• Ich habe Halsschmerzen.
목이 아파.

A Ich habe Halsschmerzen und Husten.

B Nimm diese Medizin. Sie wirkt gut.

A 목이 아프고 기침도 해.
B 이 약 좀 먹어봐. 이거 효과가 좋아.

• Das werde ich machen.
그렇게 할 게.

A Du solltest so schnell wie möglich zur Polizei gehen.

B Das werde ich machen.

> 미래를 표현하는 'werden+동사원형' 구문입니다.

A 가능한 빨리 경찰한테 가보는 게 좋을 거야.
B 그렇게 할 게.

 단어 및 표현

der Unfall 사고, 상해   wieder 다시   der Husten 기침   die Medizin 약품; 의학   wirken 작용하다   so ~ wie möglich 가능한 ~하게

125

원어민 MP3와
저자 해설강의를 들어 보세요

Tag 051

Ist nicht wahr?
거짓말 아냐?

유사표현
- Wirklich? 정말?
- Echt? 정말?

A **Jana hat einen neuen Freund.**

B **Ist *nicht wahr?**

A **Doch! Schon seit zwei Wochen.**

B **Unglaublich. Ich will alles genau wissen!**

A 야나한테 새 남자친구가 생겼대.

B 거짓말 아냐?

A 정말이야! 벌써 2주나 됐대.

B 못 믿겠어. 어떻게 된 일인지 알아야겠어!

단어 및 표현

wahr 진실한 wirklich 실제의 echt 참된 der Freund 남자친구 schon 이미 seit ~ 이래로 alles
모든 것 genau 정확히 wissen 알다

왕초보팁 상대의 긍정적 응답을 이끌어내고자 할 때 nicht wahr를 사용합니다.

　　→ Er ist sehr hübsch, nicht wahr?(그 애 참 귀엽네, 그렇지 않아?)

128

- **Jana hat einen Freund.**
야나는 남자친구가 있어.

A Jana hat einen Freund, richtig?

B Ja. Und Bianca hat auch einen Freund.

A 야나한테 남자친구 있는 거 맞지?
B 응. 그리고 비앙카도 남자친구 있어.

- **Schon seit zwei Wochen.**
벌써 2주나 됐어.

A Arbeitest du wieder in der Firma?

B Ja. Schon seit zwei Wochen.

A 너 다시 그 회사에서 일해?
B 응. 벌써 2주나 됐어.

> 전치사 seit는 '~ 이래로'의 의미로,
> 어느 시점부터 지금까지 시간의
> 총량을 의미하기도 합니다.

- **Unglaublich!**
믿기지 않아!

A Schildkröten können älter werden als Menschen.

B Unglaublich!

A 거북이들은 사람들보다 오래 살 수 있대.
B 믿기지 않는다!

 단어 및 표현

auch 또한   arbeiten 일하다   die Firma 회사   die Schildkröte 거북이   alt 나이 든   der Mensch 사람, 인류

129

Tag 052

Lass uns bummeln gehen!
놀러 가자!

 유사표현 · Lass uns shoppen gehen. 쇼핑하러 가자.
· Lass uns einen Spaziergang machen. 산책하러 가자.

A Mir ist langweilig.

B Willst du kochen oder etwas lesen?

A Nein. Das macht beides keinen Spaß.

B Dann *lass uns in der Stadt bummeln gehen!

A 심심하네.
B 요리할래? 아니면 독서할래?
A 아니. 둘 다 재미없는걸.
B 그러면 시내로 놀러 가자!

 단어 및 표현

bummeln 돌아다니다   shoppen 쇼핑하다   der Spaziergang 산책   langweilig 지루한   kochen
요리하다   etwas 어떤 것(일)   lesen 읽다   beides 둘 다   der Spaß 재미   die Stadt 시내

왕초보팁 lass uns는 한 사람을 대상으로 쓰는 표현이며, 여러 친구들에게 말하는 경우에는 lasst uns라고 해야
합니다.

• Mir ist langweilig.

심심해.

A Mir ist langweilig.

B Dann mach doch Sport.

A 심심해.
B 그럼 운동 좀 해봐.

> 어떤 상황이나 여건이 '나로 하여금'
> 심심하게 만든 것이기 때문에
> mir를 사용하였습니다. 반면, Ich
> bin langweilig.라고 하게 되면 나
> 자신이 (성격상) 재미없거나 싱거운
> 사람임을 표현해주게 됩니다.

• Willst du kochen oder etwas lesen?

요리할래? 아니면 독서할래?

A Willst du kochen oder etwas lesen?

B Lass uns zuerst kochen. Danach können wir lesen.

A 요리할래? 아니면 독서할래?
B 일단 요리를 하자. 그리고 나서 독서하자.

• Das macht beides Spaß.

둘 다 재밌어.

A Willst du lieber schwimmen gehen oder Fahrrad fahren?

B Es ist mir egal. Das macht beides Spaß.

A 수영하러 가는 게 더 좋니? 아니면 자전거 타러 갈래?
B 상관없어. 둘 다 재밌어.

> beides는 독자적으로 사용할
> 수도 있고 이처럼 명사나 대명사에
> 이어서 사용할 수도 있습니다. 이
> 경우 위치상 동사 뒤에 놓는 경우가
> 많습니다. 만약 명사나 대명사가
> 복수인 경우 beide를 사용합니다.

 단어 및 표현

zuerst 우선, 먼저   danach 그리고 나서   das Fahrrad 자전거   Spaß machen 재미있다   beide 둘 다

Tag 053

Ich werde es versuchen.

한번 해볼게.

유사표현 · Ich probiere es. 시도해 볼게.
· Ich werde einen Versuch starten. 시도해 볼게.

A **Bist du schon einmal alleine verreist?**

B **Nein. Noch nie. Ich finde *das gruselig.**

A **Aber *es ist eine tolle Erfahrung.**

B **Wirklich? Dann werde ich es versuchen.**

A **Viel Erfolg dafür.**

A 혼자 여행 가본 적 있어?

B 아니. 아직 없어. 혼자 가는 여행은 무서울 거 같아.

A 그렇지만 그건 정말 멋진 경험이 될 거야.

B 정말? 그러면 한번 해볼게.

A 성공하길.

 단어 및 표현

---

versuchen 시도하다 **probieren** (한번) 해보다 **der Versuch** 시도 **starten** 시작하다 **verreisen**
여행을 떠나다 **noch** 아직 **gruselig** 무서운 **die Erfahrung** 경험 **Viel Erfolg.** 성공하길.

왕초보팁 das와 es는 앞서 언급된 사실을 가리킵니다.

• Bist du schon einmal alleine verreist?
혼자 여행 가본 적 있어?

A Bist du schon einmal alleine verreist?

B Ja. Ich war allein in England.

A 혼자 여행 가본 적 있어?
B 응. 혼자 영국 가봤어.

> 과거의 경험을 말할 때 schon einmal을 사용합니다.
> allein과 alleine는 둘 다 같은 의미로 어느 것이든 편한 대로 사용해도 됩니다.

• Noch nie.
아직 없어.

> noch nicht와 같은 말이지만 좀 더 강한 어조의 표현입니다.

A Hast du schon einmal einen Regenbogen gesehen?

B Nein. Leider noch nie.

A 무지개 본 적 있어?
B 아니. 아쉽게도 아직 못 봤어.

• Es ist eine tolle Erfahrung.
그건 정말 멋진 경험이 될 거야.

A Ich möchte dieses Jahr Bergsteigen gehen.

B Mach das. Es ist eine tolle Erfahrung.

A 올해에는 등산을 가보고 싶어.
B 해봐. 그건 정말 멋진 경험이 될 거야.

 단어 및 표현

allein(e) 혼자, 홀로   England 영국   der Regenbogen 무지개   sehen 보다   das Bergsteigen 등산

Tag 054

Ach, den meinst du?

아, 이걸 말한 거였어?

유사표현
- **Den da meine ich.** 거기 있는 그거 말한 거야.
- **Ach, von dem redest du.** 아, 그거에 대한 얘기구나.

A Schau mal. Der Hund ist so süß.

B Der große Hund dort?

A Nein, der kleine braune Hund.

B Ach, den meinst du? Der ist wirklich niedlich.

A Lass uns schnell ein Foto von ihm machen!

A 이것 좀 봐. 이 개 너무 귀엽다.
B 저기 있는 큰 개 말하는 거야?
A 아니, 작은 갈색 개.
B 아, 이걸 말한 거였어? 정말 귀엽잖아.
A 우리 얼른 쟤 사진 찍자!

 단어 및 표현

schauen 보다 der Hund 개 süß 귀여운 braun 갈색의 niedlich 귀여운, 사랑스러운 schnell 빠른
das Foto 사진

• Der große Hund dort?
저기 있는 큰 개?

A Der Hund bellt so laut.

B Der große Hund dort?

A 개가 엄청 크게 짖는다.
B 저기 있는 큰 개?

> 장소를 나타내는 부사 및 전치사구는
> 명사 뒤에 위치합니다.

• Der ist wirklich niedlich.
정말 귀엽다.

A Soll ich diesen Teddybären kaufen?

B Der ist wirklich niedlich. Kauf ihn.

A 나 이 테디베어 사도 될까?
B 정말 귀엽다. 그거 사.

> 정관사는 명사를 생략하여
> 지시대명사로 사용할 수
> 있습니다. 이미 Teddybär에
> 대해 언급했으므로 이를
> 생략하고 der만 사용한
> 문장입니다. 물론 인칭대명사
> er를 사용할 수도 있겠죠.

• Lass uns ein Foto machen!
우리 사진 찍자!

A Hey, lass uns ein Foto machen!

B Gute Idee. So haben wir ein Souvenir.

A 저기, 우리 사진 찍자!
B 좋은 생각이야. 기념으로 남겨야지.

 단어 및 표현

bellen 짖다   laut (소리가) 큰   der Teddybär 테디베어 인형   das Souvenir 기념(품)

Tag
055

Was soll das?
뭐 하는 거야?

유사표현
· Was machst du da? 뭐 하는 거니?
· Was soll der Mist? 무슨 소리니?

A   Hey, was soll das denn?

B   Was meinst du?

A   Du hast dich vorgedrängelt.

B   Nein, ich war zuerst hier.

A   Das stimmt doch gar nicht. Stell dich hinten an!

B   Reg dich nicht auf. *Ich geh ja schon.

A   헤이, 대체 뭐 하는 거야?
B   무슨 소리야?
A   새치기했잖아.
B   아니거든, 내가 여기 제일 먼저 도착했어.
A   말도 안 되는 소리. 뒤로 가서 서!
B   진정해. 갈 테니까.

 단어 및 표현

der Mist 어처구니없는 것; 오물   sich vordrängeln 앞으로 밀고 나가다   zuerst 맨 처음   sich anstellen 줄을 서다   sich aufregen 흥분하다

왕초보팁   Ich geh ja schon.에서와 같이 실제 회화에서는 동사의 어미를 생략하는 경우가 더러 있습니다. 특히 1인칭 단수에서 그런 경우가 많습니다.

• Du hast dich vorgedrängelt.
너 새치기했잖아.

A Du hast dich vorgedrängelt.

B Das stimmt nicht. Du bist einfach zu langsam.

A 너 새치기했잖아.
B 아니야. 네가 너무 늦게 온 거야.

> 재귀동사 vordrängeln은
> '앞으로 밀고 나아가다'라는
> 뜻으로 자신의 순번보다 앞서
> 밀치고 나아가는 새치기
> 상황에서 사용할 수 있습니다.

• Ich war zuerst hier.
내가 여기 제일 먼저 도착했어.

A Ich war zuerst hier!

B Wow, du bist wirklich schnell.

A 내가 여기 제일 먼저 도착했어!
B 우와, 너 정말 빠르다.

• Reg dich nicht auf.
진정해.

A Wie kannst du mir das antun?

B Reg dich nicht so auf. Es tut mir leid, okay?

A 네가 나한테 어떻게 이럴 수 있어?
B 진정해. 내가 미안해, 됐지?

> 재귀동사 aufregen은 화가
> 난 상태나 소풍 전날 들떴을
> 때의 감정을 표현합니다.

 단어 및 표현

einfach 그저   langsam 느린   schnell 빠른   antun (부당하게) 행하다

Tag 056

Ist mein Buch hier?

내 책 여기 있어?

유사표현
- Ich kann mein Buch nicht finden. 내 책을 찾을 수가 없어.
- Wo ist mein Buch? 내 책 어디 있지?

A Ist mein Buch hier?

B Es ist *bestimmt in deinem Zimmer.

A Ich habe überall gesucht. Aber es ist nicht da.

B *Vielleicht ist es auf dem Tisch im Wohnzimmer.

A Ich schaue mal nach.

A 내 책 여기 있어?
B 분명 네 방에 있을걸.
A 내가 전부 다 뒤져봤어. 거기 없더라고.
B 아마도 거실 탁자 위에 있을지도.
A 한번 확인해봐야겠다.

✏️ **단어 및 표현**

das Buch 책 das Zimmer 방 überall 전부, 어디에나 suchen 찾다 vielleicht 아마 der Tisch 탁자 das Wohnzimmer 거실 nachschauen 조사해보다, 확인해보다

왕초보팁 bestimmt, vielleicht, wahrscheinlich 등을 활용해 확실성이나 개연성 등을 표현하여 문장의 뉘앙스를 바꿔줄 수 있습니다.

- ## Es ist nicht da.
거기 없어.

부사 da는 장소나 시간을
모두 가리킬 수 있습니다.

A Ist mein Handy in deinem Zimmer?

B Es ist bestimmt nicht da.

A 내 핸드폰이 네 방에 있니?
B 분명 거기 없어.

- ## Es ist auf dem Tisch.
그거 탁자 위에 있어.

위치를 나타낼 때에는
'전치사+3격(Dativ)'을 사용합니다.

A Ist das Besteck in der Schublade?

B Nein, es ist auf dem Tisch.

A 식기가 서랍 안에 있어?
B 아니, 탁자 위에 있어.

- ## Ich schaue mal nach.
한번 확인해볼게.

A Hast du meine Handschuhe gesehen?

B Ich schaue mal im Flur nach.

A 너 내 상갑 봤니?
B 복도에 있나 한번 확인해볼게.

 단어 및 표현

das Handy 핸드폰   das Besteck 식기   die Schublade 서랍   die Handschuhe (복수) 장갑   der
Flur 복도

Tag
057
Das weiß ich nicht.
모르겠어.

유사표현 · Keine Ahnung. 잘 모르겠어.
· Ich hab null Ahnung. 난 모르겠어.

A Wie viele Bundesländer hat Deutschland?

B Das weiß ich nicht.

A Aber du kennst die Hauptstadt *von Deutschland, oder?

B Ich bin mir nicht sicher.

A Was weißt du überhaupt?

B Das kann ich nicht genau sagen.

A 독일에는 몇 개의 주가 있을까?
B 모르겠어.
A 그래도 독일의 수도는 알고 있겠지?
B 잘 모르겠어.
A 대체 뭘 알고 있는 거야?
B 그것도 확실히 말 못 하겠어.

단어 및 표현

die Ahnung 예감; 개념 null 숫자 0 wie viel(e) 얼마나 많은 das Bundesland 연방 주 kennen 알다
die Hauptstadt 수도 von ~의 sicher 확실한, 안전한 überhaupt 도대체 sagen 말하다

왕초보팁 소유격을 표현할 때 전치사 von을 사용합니다. 물론 2격(Genitiv)으로도 표현할 수 있습니다.

• ~, oder?
그렇지?

A Du kennst die Hauptstadt von
  Frankreich, oder?

B Na klar! Das ist Paris!

A 너 프랑스의 수도 알지, 그렇지?
B 당연하지! 파리잖아!

> 평서문으로 끝난 문장에서 어느 정도
> 긍정적 답변을 기대하며 질문의
> 형태로 바꾸어주는 표현입니다. 때론
> nicht wahr를 사용하기도 합니다.

• Ich bin mir nicht sicher.
잘 모르겠어.

A Ist dieser Film schon im Kino?

B Ich bin mir nicht sicher. Ich schaue mal im Internet nach.

A 이 영화 영화관에 벌써 걸렸나?
B 잘 모르겠어. 인터넷에서 찾아볼게.

• Das kann ich nicht genau sagen.
확실히는 말 못 하겠어.

A Magst du den Winter oder den Sommer lieber?

B Das kann ich nicht genau sagen. Beide Jahreszeiten
  haben Vorzüge.

A 너는 겨울이 좋아? 아니면 여름이 더 좋아?
B 확실히 말 못 하겠어. 두 계절 모두 장점이 있어서.

 단어 및 표현

klar 명확한   der Film 영화   das Kino 영화관   das Internet 인터넷   der Winter 겨울   der Sommer
여름   die Jahreszeit 계절   der Vorzug 장점

Tag 058

Bitte sei vorsichtig.

조심해.

유사표현 · **Vorsicht!** 조심!
· **Pass bitte auf.** 조심해.

A **Das Essen ist fertig.** Ich bringe es zum Esstisch.

B Bitte *sei vorsichtig. Der Topf ist sehr heiß.

A **Machst du bitte Platz** auf dem Tisch?

B Alles ist bereit. Stell ihn hier hin.

A Lass uns essen. Aber **Vorsicht mit** dem Messer.

A 음식이 준비됐어. 이거 식탁에 가져다 놓을게.
B 조심해. 냄비가 엄청 뜨거워.
A 식탁에 자리 좀 만들어줄래?
B 다 해놨어. 여기다 올려놔.
A 먹어보자. 칼 조심하고.

✏️ **단어 및 표현**

vorsichtig 주의 깊은, 조심스러운 **aufpassen** 조심하다 **das Essen** 음식 **fertig** 완성된, 끝난 **bringen** 가져오다 **der Esstisch** 식탁 **der Topf** 냄비 **der Platz** 자리 **bereit** 준비가 된 **die Vorsicht** 조심, 주의 **das Messer** 칼, 나이프

왕초보팁 sein 동사는 명령법에서 다음과 같이 변형됩니다.
→ Sei vorsichtig!(2인칭 단수), Seid vorsichtig!(2인칭 복수), Seien Sie vorsichtig!(존칭)

• Das Essen ist fertig.
음식이 준비됐어.

A Rudi, das Essen ist fertig.
B Ich komme!

A 루디, 음식이 준비됐어.
B 갈게!

> fertig는 '끝난'의 의미임과 동시에 어떠한 것을 할 '준비가 완료된'의 의미도 갖고 있습니다. fertig 대신 bereit를 사용할 수도 있습니다.

• Machst du bitte Platz?
자리 좀 만들어줄래?

A Machst du bitte kurz Platz?
Ich möchte hier vorbei.
B Gerne doch.

A 잠깐 좀 비켜줄래? 여기 좀 지나가려고.
B 물론이지.

• Vorsicht mit ~.
~ 조심해.

> 명사 Vorsicht 만으로 '조심해!'라는 표현이 되며, 조심해야 할 대상은 전치사 mit를 가지고 표현합니다.

A Vorsicht mit der Vase. Sie ist sehr teuer.
B Keine Sorge. Ich passe gut auf.

A 꽃병 조심해. 그거 엄청 비싼 거야.
B 걱정 마. 조심할게.

 단어 및 표현

vorbei 지나서   die Vase 꽃병   die Sorge 걱정   aufpassen 조심하다

Tag 059

Kann passieren.
그럴 수 있지.

유사표현
· Sowas passiert halt. 이럴 때도 있지 뭐.
· Keine große Sache. 큰일 아니야.

A Hey, warte auf mich, Sarah!

B Was willst *du von mir?

A Oh, ich habe dich mit jemandem verwechselt.

B Pass beim nächsten Mal besser auf.

A Entschuldigung bitte.

B Naja, schon okay. Kann passieren.

A 저기, 나 좀 기다려줘, 사라!
B 저에게 무슨 볼일 있으세요?
A 아, 다른 사람으로 착각했네요.
B 다음번엔 더 조심하시는 게 좋겠어요.
A 죄송합니다.
B 글쎄, 뭐 괜찮아요. 그럴 수 있죠.

 단어 및 표현

passieren 생기다, 발생하다 sowas 그러한 것 halt 그냥 die Sache 일 warten 기다리다 jemand
어떤 사람 verwechseln 혼동하다 das Mal 번, 회

왕초보팁 같은 학급이나 학교, 직장 내에서 처음 보는 사이더라도 비존칭 du를 통해 대화할 수도 있습니다. 한국의
반말과는 차이가 있습니다.

• Was willst du von mir?

나한테 무슨 볼일 있어?

A Was willst du von mir?

B Bitte leih mir 50 Euro.

A 무슨 볼일 있어?
B 50유로만 빌려줘.

> 상대가 뭔가 요구사항이 있다고
> 생각될 때 묻는 말입니다.
> 화법조동사 wollen은 이런 경우
> 다소 거친 표현이 될 수 있으니
> 주의해서 사용하세요.

• Ich habe dich mit jemandem verwechselt.

다른 사람으로 착각했어.

A Warum sprichst du mich an?

B Ich habe dich mit jemandem
verwechselt.

A 왜 저한테 말을 거시는 거죠?
B 다른 사람으로 착각했네요.

> 전치사 mit와 함께 쓰여 '...를
> ~와 혼동하다'라는 표현으로
> 사용하였습니다. 여기서 사용된
> jemand는 불특정한 어떤 누군가를
> 가리킵니다.

• Schon okay.

뭐 괜찮아.

A Ich habe deinen Geburtstag vergessen. Tut mir leid.

B Schon okay...

A 네 생일 잊어버렸었어. 어째.
B 뭐 괜찮아...

 단어 및 표현

leihen 빌리다 ansprechen 말을 걸다 der Geburtstag 생일 vergessen 잊어버리다

145

Tag 060

Hör auf damit.

그만 좀 해.

유사표현 · Lass das. 그만둬.
· Lass den Scheiß. 놔 둬.

A **Hör *auf damit.**

B **Was meinst du?**

A **Dieses Hibbeln. Lass das bitte sein.**

B **Mach mal halblang. So schlimm ist es nicht.**

A **Schluss jetzt! Geh bitte raus!**

B **Okay, du Mimose.**

A 그만 좀 해.
B 뭘 말하는 거야?
A 다리 떠는 거. 가만히 좀 있어.
B 오버하지 마. 그렇게 심한 것도 아니잖아.
A 그만해! 나가!
B 알겠어, 이 예민한 놈.

단어 및 표현

aufhören 그만두다　meinen 생각하다　das Hibbeln 다리 떨기, 안절부절못함　halblang 중간 길이의
schlimm 나쁜　der Schluss 끝, 종결　rausgehen 밖으로 나가다

왕초보팁 분리동사 aufhören은 전치사 mit 와 결합하여 중단해달라는 내용을 전달합니다. 이미 언급된 내용에
대해서는 damit(그것에 관하여)라고 줄여 씁니다.

• Lass das bitte sein.
가만히 좀 둬.

A Kann ich mir die Figuren einzeln angucken?

B Lass das bitte sein. Ich habe sie grade eben geputzt und sortiert.

> 동사 lassen은 사역동사로 다른 동사(여기서는 sein)와 함께 쓰여 '~하게 하다'라는 의미로 쓰였습니다.

A 이 피규어들 좀 자세히 살펴봐도 될까?
B 가만히 둬. 방금 막 닦아서 정리해놨단 말이야.

• Mach mal halblang.
오버하지 마.

A Du sollst nicht mit dreckigen Schuhen ins Haus kommen. Ich hasse das!

B Mach mal halblang. Ich putze es ja sofort.

> '절반의 길이만큼만 하라'는 말이므로 허풍이나 과장을 하지 말라는 의미가 됩니다.

A 더러운 신발 신고 집안에 들어오지 마. 너무 싫어!
B 오버하지 마. 바로 닦을 거니까.

• Schluss jetzt!
그만해!

A Schluss jetzt! Ihr habt schon viel zu lange Videospiele gespielt!

B Ach, Mama! Nur noch ein bisschen, bitte!

> 명사 Schluss는 그 외에도 다양한 구문에서 사용됩니다.
>
> Schluss für heute! 오늘은 그만하자!
> Schluss damit! 그거 그만해!

A 그만해! 비디오게임 벌써 너무 많이 했잖아.
B 아, 엄마! 조금만 더 할게요. 제발요!

단어 및 표현

einzeln 하나씩, 상세히 angucken 관찰하다 gerade 방금 eben 막, 때마침 putzen 닦다 sortieren 정리하다, 분류하다 dreckig 더러운 hassen 싫어하다 ja 분명, 정말 das Videospiel 비디오게임

원어민 MP3와
저자 해설강의를 들어 보세요

Tag 061~070

Tag 061

Nichts für ungut.

나쁘게 생각하진 마.

유사표현
- Nimm es mir nicht übel, aber... 날 나쁘게 생각 마, 다만...
- Versteh das jetzt nicht falsch... 지금 이걸 오해하진 마...

A Nichts für ungut, aber du hast in dem Bericht einen Fehler gemacht.

B Das tut mir leid! Ich werde besser aufpassen.

A Kein Problem. Das kann jedem mal passieren.

B Ich *sollte es besser wissen.

A Macht doch nichts. Beim nächsten Mal machst du es besser.

A 나쁘게 생각하진 마, 그 보고서에 틀린 부분이 있더라고.
B 아 이런! 더욱 주의해야겠다.
A 괜찮아. 누구에게나 한 번쯤 일어날 수 있는 일이니까.
B 그런 것쯤은 더 잘 알고 있어야 했는데.
A 신경 쓰지 마. 다음번엔 더 잘할 거야.

✏️ 단어 및 표현

nichts 아무것도 아닌 것   ungut 좋지 않은   falsch 틀린   der Bericht 보고서   der Fehler 오류, 잘못
besser 더 좋은, 나은   jeder 누구나   wissen 알다

왕초보팁 화법조동사 sollen의 접속법 2식은 가정이나 추측의 의미로 사용되곤 합니다.

• Das kann jedem mal passieren.
누구에게나 한 번쯤 일어날 수 있는 일이지.

A Ich habe mir so viel Mühe gegeben.
Aber ich habe den Test nicht bestanden.

B Das kann jedem mal passieren.

A 난 정말 열심히 했어. 그런데 시험에서 떨어졌네.
B 누구에게나 한 번쯤 일어날 수 있는 일이지.

• Macht doch nichts.
신경 쓰지 마.

> Macht nichts(괜찮아)에서 불변화사 doch를 함께 사용하였습니다. 큰 의미 차이는 없습니다.

A Ich habe meine Neujahrsvorsätze nicht eingehalten.

B Macht doch nichts. Die meisten Leute schaffen das nicht.

A 이번 새해 결심을 지키지 못했어.
B 신경 쓰지 마. 대부분의 사람들이 해내지 못해.

• Beim nächsten Mal machst du es besser.
다음번엔 더 잘할 거야.

A Ich habe die Klausur total verhauen.

B Sei nicht traurig. Beim nächsten Mal machst du es besser.

A 이번 시험 완전히 망쳤어.
B 슬퍼하지 마. 다음번엔 더 잘할 거야.

단어 및 표현

die Mühe 노력   geben 주다   der Test 시험   bestehen 합격하다   der Neujahrsvorsatz 새해 소망,
새해 결심   einhalten 지키다, 엄수하다   die Leute (복수) 사람들   schaffen 해내다; 만들다   die Klausur
시험   verhauen 엉터리로 하다   traurig 슬픈

Tag 062

Ich bin dran.
내 차례야.

유사표현
- **Ich bin an der Reihe.** 내 차례야.
- **Ich bin am Zug.** (보드게임 할 때) 내 차례야.

A Okay, **wer ist der Nächste?**

B Ich bin dran.

C **Du schummelst!** Ich bin an der Reihe.

B Sorry. **Ich habe dich übersehen.**

C *Her mit den Würfeln!

A 좋아, 다음 차례는 누구지?

B 내 차례야.

C 거짓말하고 있네! 내 순서잖아.

B 미안. 널 못 봤네.

C 주사위들 내놔!

 단어 및 표현

der Nächste 다음 사람; 가까운 사람   **schummeln** 거짓말하다, 사기 치다   **die Reihe** 줄, 열   **übersehen** 간과하다, 못 보고 빠뜨리다   **her** 이쪽으로   **der Würfel** 주사위

왕초보팁 부사 her는 Her damit!(그거 이리 줘!)와 같이 전치사 mit와 결합하여 달라는 대상을 표현합니다.

• Wer ist der Nächste?
다음 차례는 누구지?

A Moment. Wer ist der Nächste?
Frank, bist du der Nächste?

B Nein. Adrienne ist die Nächste.

> 남자인 경우 der Nächste,
> 여자인 경우는 die Nächste가
> 됩니다.

A 잠깐. 다음 차례가 누구지? 프랑크, 너니?
B 아니. 다음 차례는 아드리엔네야.

• Du schummelst!
거짓말하고 있네!

A Schon wieder gewonnen!

B Du schummelst doch! Ich spiele nicht mehr mit dir.

A 또 이겼다!
B 거짓말하고 있네! 너랑 다시는 게임 안 할 거야.

• Ich habe dich übersehen.
널 못 봤어.

A Hey, hier bin ich!

B Hoppla! Ich habe dich beinah übersehen.

A 저기, 나 여기 있어!
B 아이고! 널 빼먹을 뻔했네.

 단어 및 표현

der Moment 순간, 찰나   gewinnen 이기다; 얻다   nicht mehr 더 이상 ~이 아닌   hoppla (감탄사) 아이고
beinah 거의

Tag 063

Stör mich nicht.

방해하지 마.

유사표현
- **Geh weg.** 저리 가.
- **Nerv nicht.** 신경 쓰이게 하지 마.

A Ich bin sehr *beschäftigt. Also stör mich nicht.

B Aber ich will dir kurz was zeigen.

A Ich kann grad echt nicht.

B Aber es ist ganz lustig!

A Bitte lass mich in Ruhe.

B Okay... dann komme ich später wieder.

A Danke. Und sei bitte leise.

A 나 완전 바빠. 그니까 방해하지 마.
B 근데 잠깐 너한테 보여줄 게 있는데.
A 지금은 진짜 안 돼.
B 하지만 이거 아주 재밌는 거란 말이야!
A 제발 나 좀 내버려 둬.
B 알겠어... 그럼 이따가 다시 올게.
A 고마워. 그리고 조용히 좀 해줘.

단어 및 표현

beschäftigt 바쁜 **stören** 방해하다 **kurz** 짧은, 간단한 **echt** 진짜 **lustig** 즐거운 **die Ruhe** 고요, 안정
spät 늦은 **leise** 조용한

왕초보팁 beschäftigt는 Ich bin beschäftigt mit der Arbeit.(그 일로 바빠.)와 같이 전치사 mit와 결합하여 어떤 일로
바쁜지를 말할 수 있습니다.

154

● **Ich kann grad echt nicht.**

나 지금은 진짜 못해.

> grad는 gerade의 줄임말로 '지금', '막', '방금'의 의미를 가집니다.

A Eileen, kannst du mir kurz helfen?

B Sorry, ich kann grad echt nicht. Frag doch Karl.

A 아일렌, 나 좀 잠깐 도와줄래?
B 미안, 나 지금은 진짜 못해. 칼한테 물어봐.

● **Lass mich in Ruhe.**

나 좀 내버려 둬.

A Komm schon. Es dauert auch nicht lange.

B Lass mich in Ruhe! Ich habe dir gesagt, ich habe keine Lust!

A 왜 이래. 오래 걸리지도 않잖아.
B 나 좀 내버려 둬! 난 관심 없다고 말했잖아!

● **Sei bitte leise.**

조용히 좀 해줘.

A Sei bitte leise. Die anderen wollen hier lernen.

B Entschuldige. Ich passe besser auf.

A 조용히 좀 해줘. 여기 다른 사람들이 공부하려고 하잖아.
B 미안. 더 주의할게.

 단어 및 표현

kurz 잠깐   lange 오래   die Lust 의욕   lernen 공부하다

155

Tag 064

Darf man hier parken?

여기 주차해도 되나요?

유사표현 · Der Parkplatz ist kostenpflichtig.
그 주차장은 유료입니다.

· Neben dem Kaufhaus ist ein Parkhaus.
백화점 옆에 주차장이 있어요.

A Darf man hier parken?

B Nein. Du musst hier abbiegen. Dann kommst du zum Parkplatz.

A Aber das ist eine Einbahnstraße.

B Oh, schau mal! Da drüben ist ein Parkplatz!

A Aber er ist sehr eng.

B Kein Problem. Ich steige hier aus. Dann helfe ich dir beim Einparken.

A 여기 주차해도 되나?

B 아니. 여기서 옆으로 가야 해. 그럼 주차장이 나와.

A 그렇지만 여기는 일방통행이잖아.

B 오, 봐봐! 저쪽에 주차 자리가 있어!

A 하지만 자리가 너무 좁아.

B 괜찮아. 난 여기서 내릴게. 그리고 주차하는 거 도와줄게.

단어 및 표현

dürfen 해도 된다 man (불특정) 사람들 kostenpflichtig 비용을 지불해야 하는 das Kaufhaus 백화점 das Parkhaus (실내) 주차장 abbiegen 방향을 바꾸다 der Parkplatz 주차장, 주차공간 die Einbahnstraße 일방통행 eng 좁은 aussteigen 내리다 einparken 주차하다

- **Du musst hier abbiegen.**
  여기서 옆으로 가야 해.

  A Zu deinem Haus geht es geradeaus, richtig?

  B Nein. Du musst hier rechts abbiegen. Und dann geradeaus.

  A 너희 집 가려면 이쪽으로 쭉 가면 되는 거 맞지?
  B 아니. 여기서 오른쪽으로 꺾어야 해. 그리고 직진이야.

> 방향을 바꿔서 간다는 의미는 abbiegen으로 표현합니다. 왼쪽인 경우 links, 오른쪽인 경우 rechts를 넣어주면 됩니다.

- **Das ist eine Einbahnstraße.**
  여기는 일방통행이야.

  A Sollen wir hier langfahren?

  B Das geht nicht! Das ist eine Einbahnstraße.

  A 우리 여기서 이 길로 갈까?
  B 거긴 안 돼! 여기는 일방통행이야.

- **Ich steige hier aus.**
  난 여기서 내릴게.

  A Bis wohin soll ich dich mitnehmen?

  B Bis hierhin reicht. Ich steige hier aus.

  A 내가 어디까지 데려다주면 돼?
  B 여기까지면 충분해. 난 여기서 내릴게.

> aussteigen과 더불어 einsteigen(타다), umsteigen(갈아타다) 역시 잘 알아두세요. 모두 분리동사입니다.

 단어 및 표현

geradeaus 직진해서, 똑바로   rechts 오른쪽으로   links 왼쪽으로   langfahren 이 길로 가다   bis ~까지
mitnehmen 데리고 가다   hierhin 여기로   reichen 충분하다

Tag 065

Das ist mir egal.

상관없어.

유사표현
- Interessiert mich nicht. 난 상관없어.
- Ist mir Wurst. 난 상관없어.

A Welche Turnschuhe soll ich kaufen?

B Das ist mir egal. **Entscheide dich einfach.**

A Die Blauen sind *schöner, aber die Roten sind *cooler, oder?

B **Das kümmert mich nicht.**

A Vielleicht sollte ich noch weiter gucken.

B **Ich kann es nicht mehr hören!** Kauf ein Paar oder ich gehe!

A 어떤 체조화를 살까?

B 난 상관없어. 그냥 네가 결정해.

A 파란 게 더 예쁘지만, 빨간 게 더 쿨하고, 어때?

B 난 잘 모르겠다.

A 좀 더 봐야 할까 봐.

B 더는 못 들어주겠다! 신발 사든지 아니면 난 갈 거야!

단어 및 표현

egal 균등한 sich interessieren 흥미가 있다 die Wurst 소시지 die Turnschuhe (복수) 체조화 sich entscheiden 결정하다 blau 파란 rot 빨간 kümmern 걱정시키다 hören 듣다

왕초보팁 형용사의 비교급은 어미에 -er를 붙여줌으로써 만들 수 있습니다. 다만 비교급 형태 역시 형용사이므로 이 경우 역시 형용사 어미변화에 주의하세요.

- **Entscheide dich einfach.**
그냥 네가 결정해.

A Soll ich Basketball spielen? Oder Fechten lernen?

B Keine Ahnung. Entscheide dich einfach.

A 농구할까? 아니면 펜싱을 배울까?
B 둘 다 괜찮은 것 같아. 그냥 네가 결정해.

> 재귀동사 entscheiden을 통한 표현입니다. 만약 결정하고자 하는 대상이 있다면 전치사 für를 사용하면 됩니다.
>
> Heute muss er sich für ein Studienfach entscheiden.
> 그는 오늘 대학 전공에 대해 결정해야 한다.

- **Das kümmert mich nicht.**
난 신경 안 써.

A Die anderen verbreiten Gerüchte über dich.

B Sollen sie doch. Das kümmert mich nicht.

A 다른 사람들이 너에 대한 소문을 퍼뜨리고 있어.
B 그러라고 해. 난 신경 안 써.

> 직역하면 '그것이 나를 신경 쓰이게 하지 않는다'는 뜻으로 상관도 안 하고 관심도 없다는 표현으로 사용합니다.

- **Ich kann es nicht mehr hören!**
더는 못 들어주겠다!

A Ich kann es nicht mehr hören! Immer redest du nur von Autos!

B Ich liebe Autos halt!

A 더는 못 들어주겠다! 왜 맨날 자동차 얘기만 해!
B 난 자동차 진짜 좋아하니까!

✏️ **단어 및 표현**

der Basketball 농구   spielen (놀이, 시합을) 하다, 놀다   das Fechten 펜싱   das Studienfach 대학전공   verbreiten 퍼뜨리다   das Gerücht 소문   reden 이야기하다   das Auto 자동차

159

Tag 066
Mir ist so kalt.
나 너무 추워.

유사표현
- Mir ist so heiß. 나 너무 더워.
- Es ist so windig. 바람이 너무 불어.

A *Mir ist so kalt. Es ist wirklich Winter.

B Ja, ich friere total.

A Mir fallen die Ohren ab. Ich brauche Ohrenschützer.

B Ich auch. Lass uns schnell irgendwo reingehen.

A Gute Idee. Ich zittere schon am ganzen Leib.

A 너무 춥다. 정말 겨울이네.
B 응, 얼어 죽을 것 같아.
A 귀가 떨어질 것 같아. 귀마개가 필요해.
B 나도. 어디든 빨리 들어가자.
A 좋은 생각이야. 나도 온몸이 다 떨리고 있어.

✏️ 단어 및 표현

kalt 찬 heiß 더운 windig 바람이 부는 der Winter 겨울 frieren 춥다 das Ohr 귀 abfallen 떨어지다 brauchen 필요로 하다 die Ohrenschützer 귀마개 irgendwo 어딘가 reingehen 들어가다 zittern 떨다 an ~에 der Leib 신체, 육체

왕초보탑 Mir ist so kalt.에 대한 답변으로 '나도 추워'라는 말을 하고 싶다면 Mir auch.라고 하면 됩니다.

• Ich friere.
추워.

A Ich brauche eine neue Jacke. Ich friere in dieser nur.
B Lass uns zusammen Winterjacken kaufen.

A 나 새로운 재킷이 필요해. 이거 입으면 너무 추워.
B 우리 같이 겨울 재킷 사러 가자.

• Mir fallen die Ohren ab.
귀가 떨어질 것 같아.

> 너무 심하게 춥다는 표현을 할 때
> 쓰는 관용 구문입니다.

A Der Wind ist so kalt.
B Ja. Ich glaube, mir fallen die Ohren ab.

A 바람이 너무 차다.
B 맞아. 귀가 떨어질 것 같아.

• Ich zittere am ganzen Leib.
온몸이 다 떨려.

> 이 표현 역시 너무 추워서 온몸이
> 떨린다는 표현입니다.

A Brrr, ich zittere am ganzen Leib.
B Lass uns schnell etwas Warmes essen.
  Sonst erkältest du dich noch.

A 으으. 온몸이 다 떨려.
B 빨리 따뜻한 것 좀 먹자. 그렇지 않으면 감기 들 거야.

단어 및 표현

die Jacke 재킷 die Winterjacke 겨울 재킷 der Wind 바람 schnell 빠른 sonst 그렇지 않으면
sich erkälten 감기 들다

Tag 067

Er nervt mich.

그 사람 짜증 나.

유사표현
- Ich finde ihn ätzend. 그 사람 정말 별로야.
- Er kotzt mich an. 그는 나를 화나게 해.

A Oh nein. Da ist Justus.

B Man. Er nervt mich so.

A Nicht wahr? Ich kann ihn echt nicht leiden.

B Er ist einfach so ein Idiot.

A Genau. Ich kann ihn nicht ausstehen.

B Lass uns schnell abhauen. *Bevor er uns sieht.

A 이런. 저기 유스투스다.
B 젠장. 그 사람 너무 짜증 나.
A 너도 그렇지? 마음에 안 들어.
B 걔는 그냥 바보 같아.
A 맞아. 참아 줄 수가 없어.
B 얼른 사라져버리자. 쟤가 우리를 보기 전에.

✏️ **단어 및 표현**

nerven 짜증나게 하다 ätzend 마음에 들지 않는; 모욕적인 ankotzen 구역질나게 하다 Man. 젠장.
leiden 견디다 der Idiot 바보 ausstehen 참다, 견디다 abhauen 달아나다; 꺼지다 bevor ~ 이전에

왕초보팁 접속사 bevor는 부문장을 이끄는 종속접속사로, 동사의 위치가 문장 가장 마지막에 위치합니다.

• Ich kann ihn nicht leiden.
마음에 안 들어.

A Was hältst du von Victor?

B Ich kann ihn nicht leiden. Er ist zu eingebildet.

> 동사 leiden이 können과 함께 사용되면 '~를 좋아하다'는 의미가 됩니다.

A 너 빅토르 어떻게 생각해?
B 마음에 안 들어. 그는 너무 거만해.

• Er ist so ein Idiot.
그는 바보 같아.

A Ich hasse Daniel. Er ist so ein Idiot.

B Habt ihr euch schon wieder gestritten?

> 'so ein+명사'로 사용될 때 so는 '그런', '저런', '이런' 등의 의미로 쓰입니다.

A 나는 다니엘이 정말 싫어. 그는 바보 같아.
B 너희 둘 또 싸웠어?

• Ich kann ihn nicht ausstehen.
참아 줄 수가 없어.

A Pass auf. Da kommt Christian.

B Christian? Ugh, ich kann ihn nicht ausstehen. Schnell weg hier.

A 조심해. 저기 크리스티안 온다.
B 크리스티안? 으, 참아 줄 수가 없어. 얼른 여길 벗어나자.

 단어 및 표현

halten 평가하다; 잡다   eingebildet 자만심이 강한   hassen 싫어하다   streiten 싸우다   aufpassen 조심하다   weg 가버린, 없어진

163

Tag 068

Ich bin grade los.

방금 출발했어.

유사표현
- Ich gehe gerade los. 방금 출발했어.
- Ich bin gerade auf dem Weg. 가고 있어.

A Wo bist du gerade?

B Ich bin auf dem Weg nach Hause.

A Ich bin auch grade los. Und wo ist Jessika?

B Wir haben *telefoniert. Sie macht sich jetzt langsam auf den Weg.

A Alles klar. Sag Bescheid, wenn du gut angekommen bist.

A 너 지금 어디야?
B 지금 집에 가는 길이야.
A 나도 방금 출발했어. 제시카는 어디지?
B 우리가 전화했었어. 이제 슬슬 출발할 거야.
A 알겠어. 잘 도착하면 연락해줘.

✏️ **단어 및 표현**

grade 방금 (gerade의 줄임말)   losgehen 출발하다   los 풀어진, 자유로운   telefonieren 전화하다
langsam 느린   anrufen 전화하다   der Bescheid 통보; 결정   ankommen 도착하다

왕초보팁 '전화하다'라는 동사는 대표적으로 telefonieren과 anrufen이 있습니다. telefonieren은 '전화 통화하다',
anrufen은 '전화를 걸다'라는 뜻으로, 의미에 차이가 있으니 주의하세요.

164

● Wo bist du gerade?
너 지금 어디야?

A Wo bist du gerade?

B Ich komme ein bisschen zu spät.
Ich bin grade erst los.

A 너 지금 어디야?
B 나 조금 늦을 것 같아. 조금 전에서야 출발했어.

> '방금', '막'의 의미로 gerade가
> 사용되는데, 때에 따라 문장이
> 과거형이 아닌 현재형으로 쓰임을
> 유의하세요.

● Sie macht sich jetzt langsam auf den Weg.
이제 슬슬 출발할 거야.

A Ist Vanessa noch bei euch?

B Ja, aber sie macht sich jetzt langsam
auf den Weg.

A 바네사가 아직 너희랑 있으니?
B 응, 하지만 이제 슬슬 출발할 거야.

> 직역하자면 자신을 길 위에
> 있도록(즉, 출발하도록) 만든다는
> 의미로 langsam과 함께 쓰여
> '슬슬 출발하다', '슬슬 갈 채비를
> 하다'라는 의미로 사용되었습니다.

● Sag Bescheid, wenn du gut angekommen bist.
잘 도착하면 연락해줘.

A Das war sehr lustig heute. Bis zum nächsten mal!

B Fahr vorsichtig! Und sag Bescheid, wenn du gut
angekommen bist.

A 오늘 너무 재미있었어. 다음에 봐!
B 조심히 가! 그리고 잘 도착하면 연락해줘.

 단어 및 표현

erst 겨우, 비로소   lustig 즐거운   fahren 가다; 운전하다   vorsichtig 조심스러운

Tag 069 Wie lange dauert das?

얼마나 오래 걸려?

유사표현
- Wie viele Tage dauert es? 며칠 걸릴까?
- Wie viele Wochen muss ich warten? 내가 몇 주 기다려야 해?

A **Ich möchte einen Kuchen geliefert bekommen. Wie lange dauert das?**

B **Naja. Das *kommt auf den Kuchen an. Was für einen Kuchen möchten Sie?**

A **Eine Hochzeitstorte. Wie lange braucht das normalerweise?**

B **Das dauert mindestens zwei Wochen.**

A **Das dauert zu lange.**

A 케이크 하나를 주문하고 싶어요. 얼마나 걸릴까요?
B 아, 네. 케이크 종류에 따라 달라요. 어떤 케이크를 찾으시나요?
A 웨딩케이크요. 보통 얼마나 걸려요?
B 적어도 2주는 걸려요.
A 너무 오래 걸리네요.

 단어 및 표현

dauern (시간이) 걸리다, 경과하다   bekommen 얻다   ankommen auf ~ ~에 달려 있다   die Hochzeitstorte 웨딩케이크   brauchen 필요로 하다, (시간이) 걸리다   normalerweise 보통   mindestens 적어도

왕초보팁 동사 ankommen은 전치사 auf와 함께 쓰여 '~에 달려 있다'라는 뜻입니다.

• Wie lange braucht das?
얼마나 걸리나요?

A Ich möchte diese Datei sechsmal drucken.
Wie lange braucht das?
B Es dauert ungefähr 15 Minuten.

A 이 파일을 6부 인쇄하고 싶어요. 얼마나 걸릴까요?
B 대략 15분 정도면 됩니다.

• Was für ein ~?
어떤 ~?

A Was für ein Brötchen möchten Sie?
B Ein Käsebrötchen. Wie viel kostet das?

A 어떤 빵을 원하세요?
B 치즈 빵이요. 얼마인가요?

> 'was für ein+명사'는 불특정한 어떤 것 중 하나를 고를 때 사용하는 의문사입니다. 만약 특정한 것 중 하나를 고르는 경우라면 welcher라는 의문사를 사용해야 합니다. 예를 들어 특정한 두 개의 빵 중 하나를 고르는 상황이라면, Welches Brötchen möchten Sie?(어떤 빵을 원하세요?)라고 물어야 합니다.

• Das dauert zu lange.
너무 오래 걸려.

A Die Wartezeit für diese Achterbahn ist 120 Minuten.
B Das dauert zu lange. Lass uns woandershin gehen.

A 롤러코스터 대기시간이 120분이네.
B 너무 오래 걸린다. 어디 다른 데로 가보자.

 단어 및 표현

die Datei 파일, 자료   drucken 인쇄하다   ungefähr 대략   das Brötchen 빵   das Käsebrötchen 치즈 빵   die Wartezeit 대기시간   die Achterbahn 롤러코스터   woandershin 어느 다른 곳으로

Tag 070
Nimm deine Jacke mit.
네 재킷 챙겨가.

유사표현 · Vergiss nicht deinen Rucksack. 네 가방 잊지 마.
· Pack deine Schlüssel ein. 네 열쇠 챙겨.

A Gehst du raus? Nimm deine Jacke mit.
Und leg dir einen Schal um. Es kann kalt
werden.

B Keine Sorge. Ich passe schon auf.

A Pack dich gut ein. Du sollst dich nicht erkälten.

B Mama! Ich *passe schon auf mich auf!
Ich ziehe mich warm an.

A 밖에 나가니? 네 재킷 챙겨라. 목도리도 두르고. 추워질 거야.
B 걱정 마. 내가 이미 신경 쓰고 있어.
A 따뜻하게 입어. 감기들지 않게.
B 엄마! 나 이미 조심하고 있다니깐! 따뜻하게 입을 거야.

✏️ 단어 및 표현

mitnehmen 가지고 가다 vergessen 잊다 der Rucksack 가방 der Schlüssel 열쇠 einpacken
싸다, 포장하다 rausgehen 밖으로 나가다 der Schal 숄, 목도리 umlegen 휘감다, 둘러 주다 sich
erkälten 감기들다 sich anziehen 옷을 입다

왕초보팁 분리동사 aufpassen은 전치사 auf와 결합하여 주의하고자 하는 대상을 표현합니다.

Mini Dialog

• Leg dir einen Schal um.
목도리 둘러.

A Leg dir einen Schal um.

B Okay. Ich nehme auch Handschuhe mit.

A 목도리 둘러.
B 알겠어. 장갑도 챙길게.

> 분리동사 umlegen의 명령법
> 표현입니다. 자신에게 행하는
> 행위인 경우 위와 같이
> 재귀대명사 3격(Dativ)으로,
> 남에게 행하는 경우에는
> 인칭대명사 Dativ로 표현합니다.

• Pack dich gut ein.
따뜻하게 입어.

A Es ist super kalt draußen.
   Pack dich gut ein.

B Danke. Ich werde gut aufpassen.

A 밖에 정말 춥다. 따뜻하게 입어.
B 고마워. 조심할게.

> 분리동사 einpacken은 기본적으로
> 사물을 포장하거나 싸맬 때 쓰는
> 동사이며, 여기서는 사람을 싸매는
> 일이므로 입는다는 표현으로 쓰이고
> 있습니다.

• Ich ziehe mich warm an.
따뜻하게 입을 거야.

A Es soll heute minus 20 Grad werden.
   Ich ziehe mich warm an.

B Bei dem Wetter gehst du besser nicht nach draußen.

A 오늘 영하 20도까지 추워질 거래. 따뜻하게 입을 거야.
B 이런 날씨에는 나가지 않는 게 더 좋을 거 같은데.

> sollen은 여기서 소문이나
> 추측의 의미로 쓰였으며(~한다고
> 한다) 특히 날씨와 관련되어 많이
> 사용됩니다.

✏️ 단어 및 표현

die Handschuhe (복수) 장갑   das Grad 도(°)   bei ~의 경우에   das Wetter 날씨   besser 더 나은
draußen 밖으로

Tag 071

Nicht der Rede wert.

천만의 말씀.

유사표현
- **Mach dir keinen Kopf.** 걱정하지 마.
- **Das ist nicht von Bedeutung.** 그건 신경 안 써도 돼.

A   Ich liebe deine Ohrringe.

B   **Sie waren ein Geschenk von meiner Mutter.**

A   Übrigens, ich habe hier etwas für dich. **Es ist nur eine Kleinigkeit...**

B   Ein süßer Schlüsselanhänger! Danke schön! **Wie kann ich mich revanchieren?**

A   Ach was, nicht der Rede wert.

A   네 귀걸이가 너무 좋다.
B   이건 엄마가 선물로 준 거야.
A   아 참, 널 위해서 가져온 게 있어. 별거 아니지만...
B   귀여운 열쇠고리네! 정말 고마워! 내가 어떻게 보답하지?
A   에이 뭘, 천만의 말씀.

 단어 및 표현

die Ohrringe 귀걸이   das Geschenk 선물   die Kleinigkeit 사소한 것   süß 귀여운   der Schlüsselanhänger 열쇠고리   sich revanchieren 보답하다   Nicht der Rede wert. 천만의 말씀(말할 가치도 없어).

• Sie waren ein Geschenk von meiner Mutter.
이건 엄마가 선물로 준 거야.

A Diese Perlenohrringe sind sehr schön.

> 출신이나 기원, 소유 등을 표현할 때
> 전치사 von(~로부터)를 사용합니다.

B Sie waren ein Geschenk von meiner Mutter.

A 이 진주목걸이 정말 멋지다.
B 이건 엄마가 선물로 준 거야.

• Es ist nur eine Kleinigkeit.
별거 아니지만.

A Hier bitte. Es ist nur eine Kleinigkeit.
Aber ich hoffe, es gefällt dir.

B Danke schön! Es ist so lieb, dass du an mich gedacht hast.

A 자 여기. 별거 아니지만. 네 마음에 들었으면 좋겠다.
B 정말 고마워! 내 생각을 해주다니. 정말 좋다.

• Wie kann ich mich revanchieren?
내가 어떻게 보답하지?

A Danke für deine Hilfe! Wie kann ich mich revanchieren?

B Ach was. Das habe ich doch gern gemacht.

A 도와줘서 고마워! 내가 어떻게 보답하지?
B 에이 뭘. 내가 좋아서 했던 일인걸.

 단어 및 표현

die Perlenohrringe 진주목걸이   hoffen 바라다   gefallen 마음에 들다   lieb 기분 좋은, 마음에 드는   die
Hilfe 도움

Tag 072

Ich werde noch verrückt.
미칠 거 같아.

유사표현
- Ich drehe durch. 돌겠다.
- Ich glaub, ich spinne. 내가 미쳤나봐.

A Ich werde noch verrückt.

B Was ist denn los?

A Sie machen so viel Krach auf der Baustelle!
Das macht mich krank!

B Wie lange *geht das denn schon?

A Seit drei Monaten. Ich halte das nicht aus.

B Drei Monate? Ich glaube, ich spinne.

A 미쳐버릴 것 같아.
B 무슨 일 있어?
A 공사장에서 너무 시끄러운 소리가 많이 나! 너무 거슬려!
B 대체 얼마나 그러는 건데?
A 3개월째야. 도저히 못 참겠어.
B 세 달? 믿을 수가 없구만.

✏️ **단어 및 표현**

verrückt 제정신이 아닌 durchdrehen 머리가 돌다 der Krach 시끄러운 소리 die Baustelle 공사장
krank 불쾌한; 아픈 aushalten 참다, 견디다 spinnen 헛소리하다

왕초보팁 동사 gehen은 다른 동사와 함께 쓰여 '~하러 가다'라는 뜻으로 사용됩니다. 이때 함께 쓰이는 동사는
동사원형으로 사용합니다.

• Das macht mich krank!

신경 거슬리게 하네!

A Manche Leute werfen ihre Haustiere einfach weg.

B Das macht mich krank!
Solche Leute gehören ins Gefängnis!

> 신경이 거슬리고 짜증나게 만들
> 때, 듣고 싶지 않은 이야기를
> 듣게 되었을 때 쓰는 관용적인
> 표현입니다. 비슷한 표현으로
> Das nervt mich.가 있습니다.

A 많은 사람들이 자신의 반려동물들을 버리더라.
B 너무 짜증난다! 그런 사람들은 감옥에 가야 해!

• Ich halte das nicht aus.

도저히 못 참겠어.

A Ich halte das nicht aus. Es ist einfach zu heiß!

B Lass uns eine Klimaanlage kaufen.

A 도저히 못 참겠다. 너무 덥잖아!
B 우리 에어컨 사자.

• Ich glaube, ich spinne.

믿을 수가 없어.

A Dieser Sessel kostet 6000 Euro.

B Ich glaube, ich spinne. So viel bezahle ich nicht.

A 이 안락의자가 6000유로래.
B 믿을 수가 없네. 그만큼 주고는 못 사지.

단어 및 표현

das Haustier 반려동물   wegwerfen 버리다   solcher 그러한   gehören ~에 속하다   das Gefängnis 교도소, 감옥   nerven 신경을 건드리다   die Klimaanlage 에어컨   der Sessel 안락의자   so viel 그만큼, 그 정도   bezahlen 지불하다

Tag 073

Woher kommst du?

어디 출신이야?

유사표현 · Was ist deine Nationalität? 국적이 뭐니?
· Aus welchem Land kommst du? 어느 나라에서 왔어?

A *Woher kommst du?

B Ich bin in Neuseeland geboren.

A Also, bist du Neuseeländer?

B Naja. Ich habe fast seit meiner Geburt in Deutschland gelebt.

A Also, fühlst du dich wie ein Deutscher?

B Ich fühle mich in beiden Ländern wie zuhause.

A 넌 어디서 왔어?
B 나는 뉴질랜드에서 태어났어.
A 그럼, 뉴질랜드 사람인 거야?
B 그렇긴 한데. 거의 태어난 직후부터는 독일에 살았어.
A 그럼, 스스로를 독일인이라고 생각하는 거야?
B 나는 두 나라 모두 다 고향처럼 편해.

단어 및 표현

woher 어디로부터 die Nationalität 국적 das Land 나라 das Neuseeland 뉴질랜드 gebären 낳다 der Neuseeländer 뉴질랜드 사람(남) fast 거의 die Geburt 출생 sich fühlen ~ ~라고 느끼다 zuhause 집에

왕초보팁 Woher kommst du?에 대한 기본적인 답변으로는 Ich komme aus Neuseeland.가 있습니다.

- **Ich habe seit meiner Geburt in Deutschland gelebt.**
  나는 태어난 이후로 독일에 살았어.

  어느 시점부터(seit) 어디에(in) 살았다는 표현을 할 때 사용합니다.

  A Ich habe seit meiner Geburt **nur** in Deutschland gelebt.
  B Willst du für immer dort leben?

  A 나는 태어난 이후로 독일에서만 살았어.
  B 거기에서 평생 살려고?

- **Also,**
  그러니까,

  '그러니까', '결국', '즉'을 의미하는 also를 통해 앞 문장을 달리 표현하고자 할 때 사용합니다. 비슷한 표현으로 das heißt가 있습니다.

  A Ich komme aus Neuseeland.
  B Also, du bist Neuseeländer, oder?

  A 난 뉴질랜드에서 왔어.
  B 그러니까, 뉴질랜드 사람인 거지. 그렇지?

- **Ich fühle mich in beiden Ländern wie zuhause.**
  나는 두 나라 모두 다 고향처럼 편해.

  A Magst du England oder Frankreich lieber?
  B Ich fühle mich in beiden Ländern wie zuhause.

  A 너는 영국이 좋아 프랑스가 좋아?
  B 나는 두 나라 모두 다 고향처럼 편해.

 단어 및 표현

für immer 영원히, 영영   heißen 의미하다

Tag
074

Darf ich mich vorstellen?

내 소개를 해도 될까?

유사표현
- Darf ich dir jemanden vorstellen?
  너에게 누군가를 소개해도 될까?
- Ich möchte dir meinen Freund vorstellen.
  내 친구를 소개하고 싶어.

A ***Darf ich mich vorstellen? Mein Name ist Nora.**

B **Hallo, Nora. Wie ist dein Nachname?**

A **Mein Nachname ist Nolva.**

B **Nora Nolva? Das ist ein hübscher Name.**

A **Danke. Darf ich auch fragen, wie du heißt?**

A 내 소개를 해도 될까? 내 이름은 노라야.

B 안녕, 노라. 성은 뭐야?

A 내 성은 놀바야.

B 노라 놀바? 예쁜 이름이네.

A 고마워. 네 이름이 뭔지 물어봐도 될까?

단어 및 표현

vorstellen 소개하다 jemand 누군가 der Nachname 성 hübsch 귀여운. 예쁜 fragen 질문하다.
묻다 heißen 불리우다

왕초보팁 Darf ich ~?(내가 ~해도 될까요?)는 상대에게 매우 정중하게 물을 때 쓰는 표현입니다.

• Wie ist dein Nachname?
네 성은 뭐야?

A Wie ist dein Nachname?

B Mein Nachname ist Meier.

A 네 성은 뭐야?
B 내 성은 마이어야.

> 이름(Name)은 성(Nachname)과 이름(Vorname)으로 나뉩니다.

• Das ist ein hübscher Name.
그거 예쁜 이름이네.

A Ich heiße Gwen Sommer.

B Das ist ein **sehr** hübscher Name.

A 나는 그벤 좀머라고 해.
B 매우 예쁜 이름이네.

• Darf ich fragen, wie du heißt?
네 이름이 뭔지 물어봐도 될까?

A Darf ich fragen, wie du heißt?

B Natürlich. Mein Name ist Rita.

A 네 이름이 뭔지 물어봐도 될까?
B 당연하지. 내 이름은 리타야.

> Darf ich fragen, ~은 간접의문문 앞에 놓여 보다 정중한 질문이 되기도 하고, 본격적인 질문에 앞서 상대의 주의를 환기시키는 역할도 하게 됩니다. 이어지는 간섭의문문(여기서는 의문사가 포함된 문장은 부문장이므로 동사를 가장 뒤에 위치시켜야 합니다.

 단어 및 표현

der Vorname 이름

Tag 075

Warst du noch nie auf Teneriffa?

테네리페에 안 가봤어?

유사표현
- Warst du schon einmal auf Teneriffa? 테네리페에 가본 적 있니?
- Wohin bist du gereist? 어디에 여행 갔었어?

A **Warst du noch nie auf Teneriffa?**

B ***Nein. Wo liegt Teneriffa?**

A **Teneriffa liegt im Atlantischen Ozean.**

B **Ist die Insel Teil von Afrika?**

A ***Nein. Die Insel ist Teil von Spanien.**

B **Ich will unbedingt einmal dorthin!**

A 테네리페에 안 가봤어?

B 응. 테네리페가 어디 있는 거야?

A 테네리페는 대서양 연안에 있어.

B 아프리카의 섬인 거야?

A 아니. 스페인 섬이야.

B 한 번쯤은 꼭 그곳에 가봐야겠다!

단어 및 표현

noch nie 아직 결코 ~아닌   auf ~ 위에   schon einmal 이미 한 번   reisen 여행하다   liegen 놓여 있다
der Atlantische Ozean 대서양   die Insel 섬   der Teil 일부, 부분   unbedingt 무조건; 절대로   dorthin
거기로

왕초보팁 부정적 질문에 대한 답변으로는 Ja를 사용하지 않으며, Nein과 Doch 중 하나를 써야 합니다. 예를 들어 Ist
das kein Hund?(이거 개 아니야?)라고 묻는 경우, Nein!(응, 개 아니야!), Doch!(아니, 개 맞아!) 중 하나로 답할 수
있습니다.

• Wo liegt Teneriffa?
테네리페는 어디 있는 거야?

A Wo liegt Teneriffa?

B Teneriffa liegt westlich von Afrika.

A 테네리페는 어디 있는 거야?
B 테네리페는 아프리카 서부에 있어.

> 도시나 나라 등의 위치를 물을 때 liegen 동사를 사용합니다.

• Die Insel ist Teil von ~.
그 섬은 ~의 한 부분이야.

A Kennst du Jeju?

B Die Insel ist Teil von Südkorea, richtig?

A 제주도 알아?
B 그 섬은 한국의 일부야, 맞지?

> 어느 큰 부분의 일부로 거기에 속하는 경우 Teil을 사용할 수 있습니다. 또한 gehören 동사를 사용할 수도 있습니다.
> Die Insel gehört zu Südkorea.
> 그 섬은 한국에 속해 있어.

• Ich will unbedingt einmal dorthin!
한 번쯤은 꼭 그곳에 가봐야겠어!

A Okinawa sieht wunderschön aus.

B Ja, ich will unbedingt einmal dorthin!

A 오키나와는 너무 아름다워.
B 맞아, 한 번쯤은 꼭 그곳에 가봐야겠어!

 단어 및 표현

westlich 서쪽의 gehören ~에 속하다 aussehen ~처럼 보이다 wunderschön 매우 아름다운

Tag 076

Ich esse viel Gemüse.
난 채소를 많이 먹어.

유사표현
- Ich ernähre mich gut. 난 잘 먹어.
- Ich esse gesund. 난 건강하게 먹어.

A Ich esse viel Gemüse.

B Aber Gemüse schmeckt nicht gut.

A Doch! *Man kann ganz leicht leckeres Gemüse machen.

B Ich mag Fleisch lieber. Also Würstchen oder ein Schnitzel.

A Das ist ungesund. Vielseitige Ernährung ist wichtig.

A 난 채소를 많이 먹어.
B 그렇지만 채소는 맛이 없어.
A 아니야! 채소를 얼마든지 맛있게 만들 수 있어.
B 나는 고기가 더 좋아. 그러니까 소시지나 슈니첼 말이야.
A 그건 건강에 안 좋아. 골고루 먹는 게 중요해.

단어 및 표현

das Gemüse 채소   sich ernähren 먹고 살다   ganz 아주, 완전히   leicht 쉬운; 가벼운   lecker 맛있는
das Fleisch 고기   das Würstchen (작은) 소시지   das Schnitzel 슈니첼   vielseitig 다양한, 다방면의
die Ernährung 영양, 영양 공급

왕초보팁 불특정한 사람들을 가리키는 man은 문법적으로 3인칭 단수 취급합니다. 대부분 번역할 필요가 없습니다.

182

• Gemüse schmeckt nicht gut.
채소는 맛이 없어.

A Gemüse schmeckt nicht gut.

B Gemüse schmeckt sehr gut.
   Du kannst einfach nicht kochen.

A 채소는 맛이 없어.
B 진짜 맛있던데. 니가 요리를 정말 못해서 그래.

> 동사 schmecken은 '~한 맛이 나다'라는 뜻입니다. 만약 맛을 느끼는 주체를 쓰려고 하면 3격(Dativ)으로 표현합니다.
>
> Das Würstchen schmeckt mir nicht so gut.
> 그 소시지 별로 맛이 없네.

• Ich mag Fleisch lieber.
나는 고기가 더 좋아.

A Ich mag keinen Fisch. Ich mag
   Fleisch lieber.

B Aber Fisch ist gesünder.

A 나는 생선을 안 좋아해. 고기가 더 좋더라.
B 하지만 생선이 더 건강에 좋잖아.

> 부사 gern의 비교급 lieber를 통해 두 가지 비교 대상 중 하나를 더 좋아함을 표현합니다.

• Vielseitige Ernährung ist wichtig.
골고루 먹는 건 중요해.

A Vielseitige Ernährung ist wichtig.

B Genau. Deshalb esse ich Gemüse,
   Fleisch und Getreide.

A 골고루 먹는 건 중요해.
B 맞아. 그래서 나는 채소, 고기, 곡물을 다 먹어.

> Vielseitige Ernährung의 반대의 표현으로 einseitige Ernährung(편식)이 있습니다.

 단어 및 표현

schmecken ~한 맛이 나다   einfach 아주, 전혀   der Fisch 생선   genau 정확한, 맞는   deshalb 그 이유로   das Getreide 곡물   einseitig 일방적인, 편파적인

Tag 077

Gern geschehen.

천만에요.

유사표현 · Bitte schön. 천만에요.
· Keine Ursache. 아니에요.

A **Entschuldigen Sie. Wo ist die Sportabteilung?**

B **Die Sportabteilung ist im zweiten *Stock.**

A **Gibt es dort auch Laufbänder?**

B **Nein. Elektrogeräte finden Sie im vierten Stock.**

A **Vielen Dank für die Auskunft.**

B **Gern geschehen.**

A 실례합니다. 스포츠 코너가 어디죠?
B 스포츠 코너는 2층이에요.
A 러닝머신도 거기 있나요?
B 아니요. 전자제품은 4층에서 찾으실 수 있어요.
A 안내 감사합니다.
B 천만에요.

 단어 및 표현

geschehen (어떤 일이) 일어나다 die Ursache 원인 die Sportabteilung 스포츠 코너 der Stock 층
das Laufband 러닝머신 das Elektrogerät 전자제품 die Auskunft 안내, 정보

왕초보팁 한국에서의 1층은 독일에서 0층(혹은 Erdgeschoss)이며, 따라서 엘리베이터 등에서 숫자 0이나 E 표시가
있는 층이 한국식 1층이 됩니다.

Mini Dialog

- ### Die Sportabteilung ist im zweiten Stock.
  스포츠 코너는 2층이에요.

  A Wo finde ich Laufschuhe?

  B Die Sportabteilung ist im zweiten Stock.

  A 러닝화는 어디에 있나요?
  B 스포츠 코너는 2층이에요.

> '층'을 표현할 때 서수와 함께 der Stock 혹은 die Etage를 사용합니다. 한국식 1층이라면 im Erdgeschoss라고 해야 합니다.

- ### Elektrogeräte finden Sie im vierten Stock.
  전자제품은 4층에서 찾으실 수 있어요.

  A Ich suche einen Drucker.

  B Elektrogeräte finden Sie im vierten Stock.

  A 프린터를 찾고 있어요.
  B 전자제품은 4층에서 찾으실 수 있어요.

> '~에 있다'는 표현으로 동사 sein을 쓸 수도 있지만 동사 finden을 활용할 수도 있습니다. 전자제품이 하나가 아닌 불특정한 여러 개가 있는 코너를 찾는 것이므로 복수명사(Elektrogeräte)를 사용하였습니다.

- ### Vielen Dank für die Auskunft.
  안내 감사합니다.

  A Vielen Dank für die Auskunft.

  B Keine Ursache. Bitte beehren Sie uns bald wieder.

  A 안내해 주셔서 감사합니다.
  B 천만에요. 또 방문해 주세요.

 단어 및 표현

die Laufschuhe (복수) 러닝화   **die Etage** 층   **der Drucker** 프린터   **beehren** 영광스럽게 하다

Tag 078

Wie viele Eier brauchst du für das Rezept?

그 요리에 달걀 몇 개가 필요해?

유사표현
- Welche Zutaten brauchst du? 추가로 뭐가 필요하지?
- Was soll ich besorgen? 내가 뭘 사 올까?

A Wie viele Eier brauchst du für das Rezept?

B Ich brauche vier Eier.

A Brauchst du sonst noch etwas?

B Ich brauche noch zwei Bananen und 200 Gramm Butter.

A Wir haben *keine Butter mehr.

B Dann muss ich nochmal einkaufen gehen.

A 그 요리에 달걀 몇 개가 필요해?
B 4개 필요해.
A 그 밖에 필요한 거 있어?
B 바나나 두 개랑 버터 200그램이 필요해.
A 버터는 더 이상 없어.
B 그러면 내가 장 보러 한 번 더 가야겠다.

단어 및 표현

das Ei 달걀 das Rezept 요리법 die Zutat 첨가물, 추가된 것 besorgen 마련하다, 구입하다
sonst 그 밖에, 게다가 die Banane 바나나 die Butter 버터 nochmal 또 한 번 einkaufen 장보다

왕초보탑 kein mehr는 nicht mehr와 같은 의미의 표현이지만, 부정관사를 가진 명사 및 관사가 없는 명사와 함께 쓰일 땐 kein mehr를 사용합니다. 이때 명사는 두 단어 사이에 위치합니다.

186

- ## Brauchst du sonst noch etwas?
  그 밖에 필요한 거 있어?

  A Brauchst du sonst noch etwas?

  B Nein, danke. Ich bin wunschlos glücklich.

  A 그 밖에 필요한 거 있어?
  B 아니, 고마워. 더 바랄 게 없이 좋아.

- ## Ich brauche 200 Gramm Butter.
  버터 200그램이 필요해.

  A Ich brauche vier Eier, einen Liter
     Milch und 200 Gramm Butter.

  B Oh, machst du Pfannkuchen?

  > 단위를 나타내는 명사(Gramm, Liter, Kilo 등) 앞에 오는 숫자가 복수라고 하더라도 단수로 표현합니다.

  A 달걀 4개, 우유 1리터, 버터 200그램이 필요해.
  B 오, 팬케이크 만드는 거야?

- ## Dann muss ich nochmal einkaufen gehen.
  그러면 장 보러 한 번 더 가야겠다.

  A Ich möchte Butterbrot mit Salami essen.

  B Dann muss ich nochmal einkaufen gehen. Ich habe eben
     kein Brot mitgebracht.

  A 버터빵에 살라미를 곁들여 먹고 싶어.
  B 그러면 장 보러 한 번 더 가야겠다. 아까 빵을 안 사왔어.

 단어 및 표현

wunschlos 바랄 게 없는 glücklich 행복한 die Milch 우유 der Pfannkuchen 팬케이크 das
Butterbrot 버터가 발라진 빵 die Salami 살라미 mitbringen 가져오다

Tag 079

Wollen wir uns treffen?
우리 만날까?

유사표현
- Wollen wir etwas unternehmen? 우리 뭐 좀 해볼까?
- Wollen wir etwas machen? 우리 뭐 좀 할까?

A Wir haben uns lange nicht gesehen. Wollen wir uns treffen?

B Gerne. Wann passt es dir?

A Für mich ist es nachmittags gut. Und bei dir?

B Ich habe *diesen Mittwoch Zeit.

A Dann treffen wir uns Mittwoch um 16 Uhr?

B Super! Bis dann!

A 우리 오래 못 봤다. 만날까?
B 좋지. 언제가 좋아?
A 나는 오후가 좋아. 너는?
B 나는 이번 주 수요일에 시간 있어.
A 그럼 우리 수요일 오후 4시에 볼까?
B 좋아! 그때 봐!

 단어 및 표현

sich treffen 만나다   unternehmen 감행하다, 벌이다   nachmittags 오후에, 오후마다   der Mittwoch 수요일   um ~시에

왕초보팁 diesen Mittwoch와 같이 4격(Akkusativ)으로 시간을 표현하기도 합니다. 이때는 목적어가 아닌 '~에'의 의미를 갖습니다.

188

• Wann passt es dir?
언제가 좋아?

A Wollen wir zusammen ins Kino?

B Gerne. Wann passt es dir?

A 같이 영화 보러 갈까?
B 좋지. 언제가 좋아?

> 동사 passen은 의상의 사이즈 등이 '잘 맞다'는 뜻 외에도 시간이나 장소 등이 자신의 일정상 맞을 때도 사용할 수 있습니다.

• Für mich ist es nachmittags gut.
나는 오후가 좋아.

A Wann hast du normalerweise Zeit?

B Für mich ist es nachmittags gut.

A 너는 평소에 언제 시간 있어?
B 나는 오후가 좋아.

> 전치사 für를 사용하여 '나에게 있어서'라는 의미를 만들 수 있습니다.

• Dann treffen wir uns Mittwoch um 16 Uhr?
그럼 우리 수요일 오후 4시에 볼까?

A Dann treffen wir uns Mittwoch um 16 Uhr?

B Eigentlich passt mir 17 Uhr besser.

A 그럼 우리 수요일 오후 4시에 보는 거지?
B 사실 오후 5시가 더 좋을 것 같아.

> 동사 treffen은 재귀동사뿐 아니라 타동사로 사용할 수도 있습니다.

 단어 및 표현

das Kino 영화관 normalerweise 보통 die Zeit 시간 eigentlich 원래, 사실

Tag 080 Wie lange lernst du schon Koreanisch?

한국어 배운 지 얼마나 됐어?

 · Wie viele Jahre lernst du schon Koreanisch?
한국어는 몇 년 동안 배우셨어요?

· Wie lange Zeit lernst du schon Koreanisch?
한국어를 얼마나 배우셨어요?

A **Wie lange lernst du schon Koreanisch?**

B **Ich lerne seit 3 Jahren Koreanisch.**

A **Wow, so lange schon.**

B **Seit *wann lernst du Koreanisch?**

A **Erst seit zwei Wochen.**

B **Melde dich, wenn du Hilfe von mir brauchst.**

A 한국어 배운 지 얼마나 됐어?
B 나는 3년째 한국어를 배우고 있어.
A 우와, 그렇게나 오래 됐구나.
B 너는 언제부터 한국어 배웠어?
A 겨우 2주밖에 안 됐어.
B 도움이 필요하면 나한테 연락해.

단어 및 표현

lernen 배우다 schon 이미, 벌써 das Jahr 해, 년 erst 단지, 겨우 die Woche 주 sich melden 연락주다 wenn ~할 때, ~한다면

왕초보팁 의문사 wann은 von wann(언제부터), bis wann(언제까지)처럼 다양한 전치사와 결합해 사용할 수 있습니다.

• Wow, so lange schon.
우와, 그렇게나 오래됐네.

> 부사 schon으로 인해 '벌써'라는
> 의미가 가미되었습니다.

A Ich kenne meine beste Freundin seit 27 Jahren.

B Wow, so lange schon.

A 나는 가장 친한 여자친구랑 27년 동안 알고 지냈어.
B 우와, 그렇게나 오래됐구나.

• Erst seit zwei Wochen.
겨우 2주 전부터.

A Wie lange lebst du schon in Berlin?

B Erst seit zwei Wochen.

A 베를린에 얼마나 오래 산 거야?
B 이제 겨우 2주밖에 안 됐어.

• Melde dich, wenn ~.
~하다면 연락해.

> 접속사 wenn은 부문장을 이끌기
> 때문에 해당 문장의 동사가 문장
> 끝에 위치하였습니다. 만약 '나에게
> 연락해'라고 말하고 싶다면 Melde
> dich bei mir라고 하면 됩니다.

A Ich lerne erst seit 3 Wochen Deutsch.

B Melde dich, wenn du Hilfe von mir
brauchst.

A 나는 독일어를 배운 지 3주밖에 안 됐어.
B 내 도움이 필요하면 연락해.

 단어 및 표현

best- 최고의   **die Freundin** 친구(여)   **leben** 살다

원어민 MP3와
저자 해설강의를 들어 보세요

Tag 081~090

Tag 081

Das ist peinlich.
부끄러워.

유사표현 · Das ist mir unangenehm. 그거 좀 불편하네.
· Das halte ich nicht aus. 그거 못 참겠어.

A *Ich möchte gerne gut tanzen!

B Du kannst einen Tanzkurs probieren.

A Aber ich kann nicht gut tanzen. Das ist doch peinlich.

B Ach was! Das sind alles Anfänger dort.

A Kann ich dir glauben?

A 춤 잘 추고 싶다!
B 춤 수업을 받아봐.
A 하지만 춤을 못 추겠더라고. 부끄러워.
B 아 무슨 소리! 거기 있는 사람들 다 초보야.
A 믿어도 되는 거야?

 단어 및 표현

peinlich 부끄러운, 난처한   tanzen 춤추다   der Tanzkurs 춤 수업   probieren 해보다   der Anfänger 초보자   glauben 믿다

왕초보팁 취미 같은 행위를 즐겨 하고 싶다는 표현으로 Ich möchte gerne ~를 사용할 수 있습니다.

• **Du kannst einen Tanzkurs probieren.**
춤 수업을 받아봐.

A Ich möchte eine neue Sportart ausprobieren.
B Du kannst einen Tanzkurs probieren.

A 새로운 운동을 해보고 싶어.
B 춤 수업을 받아봐.

• **Ich kann nicht gut tanzen.**
나는 춤 잘 못 춰.

A Ich kann nicht gut tanzen.
Aber ich kann sehr gut singen.
B Ich kann beides nicht. Aber dafür kann ich gut malen.

A 나는 춤 잘 못 춰. 그렇지만 노래는 아주 잘 부를 수 있어.
B 나는 둘 다 못해. 하지만 대신 그림을 잘 그리지.

• **Kann ich dir glauben?**
믿어도 되는 거야?

> 여기서 화법조동사 können은 허가를
> 표현하여 '~해도 괜찮다', '~해도
> 좋다'는 의미를 가지고 있습니다.

A Kann ich dir glauben?
B Natürlich! Ich sage nur die Wahrheit.

A 믿어도 되는 거야?
B 그럼! 난 진실만을 말하지.

 단어 및 표현

die Sportart 운동 종목 ausprobieren 해보다 singen 노래하다 beides 둘 다 dafür 그것에 대해
malen 그림 그리다 natürlich 물론 sagen 말하다 nur 단지 die Wahrheit 진실

Tag
082

Hast du einen Moment Zeit?

잠깐 시간 있어?

· Hast du grade viel zu tun? 지금 할 일 많아?
· Bist du grade sehr beschäftigt? 지금 많이 바빠?

A Hast du einen Moment Zeit?

B Klar. Was brauchst du?

A Ich habe eine Bitte. Kannst du mir bei den Hausaufgaben *helfen?

B Wobei brauchst du Hilfe?

A Ich muss einen Aufsatz schreiben. Aber mir fällt nichts ein.

A 잠깐 시간 있어?
B 응. 뭐 필요한 거 있어?
A 부탁이 하나 있어. 숙제 도와줄 수 있어?
B 어떤 부분에서 도움이 필요한데?
A 논문을 하나 써야 해. 그런데 아무런 아이디어가 떠오르지 않아.

 단어 및 표현

der Moment 순간   tun 하다   beschäftigt 바쁜   brauchen 필요로 하다   die Bitte 부탁   die Hausaufgaben (복수) 숙제   der Aufsatz 논문   schreiben 쓰다   einfallen 생각나다

 왕초보팁 동사 helfen이 전치사 bei와 함께 사용되는 것처럼 이 동사의 명사형인 Hilfe 역시 bei와 함께 사용되어 도움의 내용을 표현합니다.

- ## Ich habe eine Bitte.
  부탁이 하나 있어.

A Ich habe eine Bitte.
  Kannst du dieses Dokument für mich kopieren?

B Das mache ich doch gerne.

A 부탁이 하나 있어. 이 문서 복사해 줄래?
B 그럼 당연하지.

- ## Wobei brauchst du Hilfe?
  어떤 부분에서 도움이 필요해?

A Du hast mich gerufen?
  Wobei brauchst du Hilfe?

B Mein Computer ist kaputt. Hilfst
  du mir?

A 나 불렀어? 무슨 도움이 필요해?
B 내 컴퓨터가 망가졌어. 도와줄래?

> Was brauchst du?와 비교해보세요.
> 여기서는 명사 Hilfe가 사용되어
> was가 아닌, 'wo+bei'를 통해
> 의문사를 표현해야 합니다.
> 만약 전치사가 모음으로 시작한다면
> r를 연결어로 사용합니다.
>
> Woran denkst du?
> 뭘 생각하고 있어?

- ## Mir fällt nichts ein.
  아무런 생각도 떠오르지 않아.

A Lynn hat heute Geburtstag. Was sollen wir ihr schenken?

B Mir fällt nichts ein.

A 오늘 린의 생일이야. 우리 선물 뭐 줄까?
B 아무런 생각도 떠오르지 않아.

 단어 및 표현

das Dokument 문서 kopieren 복사하다 der Computer 컴퓨터 kaputt 망가진 denken an ~에
대해 생각하다 schenken 선물하다

197

Tag 083

Benimm dich!
똑바로 행동해!

유사표현
- Reiß dich zusammen. 주의해.
- Sei nicht so unverschämt. 무례하게 굴지 마.

A *Mach das Fenster auf.

B Mach es doch selber auf.

A Benimm dich! Wie kannst du so mit mir reden?

B Und was ist mit dir? Sei mal netter zu mir!

A Hau ab!

A 창문 열어.
B 너나 하지 그러냐.
A 똑바로 행동해! 어떻게 나한테 그렇게 말할 수 있어?
B 그러는 너는? 나한테 좀 더 친절하게 대해!
A 꺼져!

단어 및 표현

sich benehmen 행동하다, 처신하다   sich zusammenreißen 주의하다   unverschämt 뻔뻔한   das
Fenster 창문   aufmachen 열다   selber 스스로   reden 이야기하다   nett 친절한   Hau ab! 꺼져!

왕초보팁 동사 machen은 여러 접두사와 결합해 분리동사를 만듭니다. 중요한 어휘들이니 잘 알아두세요.
→ aufmachen(열다), zumachen(닫다), anmachen(켜다), ausmachen(끄다)

- ## Mach es doch selber.
  ### 너나 하지 그래.

  A Mach die Tür zu!

  B Mach es doch selber.

  A 문 닫아!
  B 너나 하지 그래.

> selber는 동사 machen과 함께
> 쓰여 '스스로 하다'라는 표현이
> 되었으며, 명령법 안에서 쓰여 '내가
> 아닌 바로 너 스스로 해'라는 강조
> 표현으로 쓰였습니다.

- ## Wie kannst du so mit mir reden?
  ### 어떻게 나한테 그렇게 말할 수 있어?

  A Ich habe keinen Bock mehr auf deinen Mist!

  B Wie kannst du so mit mir reden?

  A 네가 한 짓에 대해 이제 더는 관심 없어.
  B 어떻게 나한테 그렇게 말할 수 있어?

- ## Sei mal netter zu mir!
  ### 나한테 좀 더 친절하게 대해!

  A Sei mal netter zu mir!

  B Du hast doch mit dem Streit angefangen!

  A 나한테 좀 더 친절하게 대해!
  B 네가 싸움을 시작했잖아!

 단어 및 표현

die Tür 문   der Mist 오물, 쓸데없는 짓   der Streit 싸움   anfangen 시작하다

Tag
084
Hast du ein Haustier?
반려동물 있니?

유사표현 · Hast du einen Hund? 개 키워?
· Möchtest du ein Haustier? 반려동물 키우고 싶어?

A **Hast du ein Haustier?**

B **Ja. Ich habe einen Hund und eine Katze.**

A **Wow! Ich bin so neidisch auf dich.**

B **Warum hast du kein Haustier?**

A **Meine Eltern haben *beide eine Tierhaarallergie.**

B **Oje. Da kann man nichts machen.**

A 반려동물 있니?
B 응. 개 한 마리랑 고양이 한 마리 있어.
A 우왜! 너무 부럽다.
B 너는 왜 반려동물 없어?
A 우리 부모님 두 분 다 동물 털 알레르기가 있으셔.
B 저런. 어쩔 수 없지.

✏️ **단어 및 표현**

das Haustier 반려동물 der Hund 개 die Katze 고양이 neidisch 부러운 beide 둘 다 die
Tierhaarallergie 동물 털 알레르기

왕초보팁 alle(모두 다)와 beide는 관사가 있는 주어나 대명사 주어를 수식할 경우 동사 뒤에 위치합니다.

200

• Ich habe einen Hund und eine Katze.
개 한 마리랑 고양이 한 마리가 있어.

A Ich habe zwei Meerschweinchen als Haustiere. Und du?
B Ich habe einen Hund und eine Katze.

A 나는 집에서 기니피그 두 마리를 키워. 너는?
B 나는 개 한 마리랑 고양이 한 마리가 있어.

• Ich bin so neidisch auf dich.
너무 부럽다.

A Ich habe schon Urlaub in 20
verschiedenen Ländern gemacht.
B Das ist toll. Ich bin so neidisch auf dich.

> 형용사 neidisch는 전치사
> auf와 결합하여 부러움의
> 대상을 표현합니다.

A 나는 이미 20개국 여행을 했어.
B 정말 멋지다. 너무 부러워.

• Da kann man nichts machen.
어쩔 수 없지.

A Ich habe verschlafen und habe den Unterricht verpasst.
B Da kann man nichts machen.
Stell dir morgen zwei Wecker.

A 늦잠 자서 오늘 수업도 빼먹었어.
B 어쩔 수 없지. 내일은 알람 두 개 맞춰봐.

 단어 및 표현

das Meerschweinchen 기니피그 als ~로서 der Urlaub 휴가 verschieden 여럿의, 다양한
verschlafen 늦잠 자다 der Unterricht 수업 verpassen 놓치다 der Wecker 알람시계

Tag 085
Ich wohne noch bei meinen Eltern.

난 아직 부모님이랑 살아.

 유사표현 · Ich wohne mit drei Freunden zusammen in einer WG.
나는 세 명의 친구랑 WG에서 같이 살아.

A Ich bin letzte Woche umgezogen.

B Wo wohnst du jetzt?

A Ich wohne noch immer in Köln. Aber ich habe *jetzt meine eigene Wohnung in Ehrenfeld.

B Eine eigene Wohnung hört sich toll an. Ich wohne noch bei meinen Eltern.

A Keine Miete zu zahlen ist doch auch toll.

A 나 저번 주에 이사했어.
B 지금 어디 사는데?
A 아직 그대로 쾰른에 살고 있어. 하지만 이제는 에렌펠트에 내 집이 있어.
B 자기 집이라니 멋지다. 나는 아직 부모님이랑 살아.
A 월세를 안 내는 것도 아주 좋은 거지.

 단어 및 표현

die WG 공동주거지 umziehen 이사하다 eigene 자신의 sich anhören ~한 인상을 주다 die Miete
월세 zahlen 지불하다

왕초보팁 부사 jetzt는 '지금'이라는 시점의 시간뿐 아니라 '이제', '방금' 등의 시간을 표현하기도 합니다.

- ## Ich bin letzte Woche umgezogen.
  나 저번 주에 이사했어.

A Ich brauche einen Tapetenwechsel.
   Soll ich diesen Winter umziehen?

B **Tu es!** Ich bin letzte Woche umgezogen
   und ich liebe meine neue Wohnung.

> Tapetenwechsel은 문자
> 그대로는 '벽지 교체'를 의미하여
> 기분전환이나 환경을 바꾸고자
> 할 때 쓰는 표현입니다.

A 분위기 전환이 필요해. 이번 겨울에 이사 갈까?
B 해버려! 나는 저번 주에 이사했는데 새집 너무 좋아.

- ## Ich wohne noch immer in Köln.
  아직 그대로 쾰른에 살고 있어.

A Du bist letztes Jahr nach Hamburg gezogen, richtig?

B **Nein,** ich wohne noch immer in Köln.

A 너 작년에 함부르크로 이사 간 거 맞지?
B 아니, 난 아직 그대로 쾰른에 살고 있어.

- ## Keine Miete zu zahlen ist toll.
  월세를 안 내는 것도 아주 좋은 거지.

A Ist es nicht schwer, mit deiner
   Großmutter zusammen zu wohnen?

B Überhaupt nicht. Und keine Miete zu
   zahlen ist toll.

> 'zu + 동사원형' 구문은 '~하는
> 것'을 의미하며, zu 앞에 위치한
> 문장요소들은 해당 동사와
> 관련되어 있습니다.
>
> Deutsch zu lernen
> 독일어를 공부하는 것
> eine neue Wohnung zu mieten
> 새 집을 빌리는 것

A 할머니랑 같이 사는 거 어렵지 않아?
B 전혀 그렇지 않아. 그리고 월세를 안 내는 것도 좋고.

단어 및 표현

der Tapetenwechsel 벽지 교체   tun 하다   richtig 올바른   schwer 힘든   die Großmutter 할머니
überhaupt 전혀   mieten 세를 얻다

Tag 086

Mein Computer ist im Eimer!

내 컴퓨터가 망가졌어!

유사표현
- **Mein Computer ist hinüber.** 내 컴퓨터가 망가졌어.
- **Mein Computer ist kaputt.** 내 컴퓨터가 고장났어.

A Oh **verdammt!**

B Ist was passiert?

A Mein Computer ist im Eimer!

B **Lass mich mal sehen.**

A Guck! **Es tut sich nichts.**

B Oje. Ich glaube, du brauchst einen neuen Computer...

A 이런 젠장!
B 뭔 일 있었어?
A 컴퓨터가 망가졌어!
B 보여줘 봐.
A 봐봐! 작동을 안 해.
B 이런. 새 컴퓨터가 필요하겠네...

 단어 및 표현

---

der Eimer 통, 양동이 **hinüber** 저 너머로 가버린, 죽은 **Verdammt!** 젠장! **gucken** 보다 **sich tun** 어떤 일이 일어나다

• Verdammt!
젠장!

A Hast du deine Hausarbeit schon abgegeben?

B Oh verdammt! Der Abgabetermin war heute?

A 너 과제 이미 제출했지?

B 이런 젠장! 제출일이 오늘이었어?

• Lass mich mal sehen.
보여줘 봐.

lass mich...는 '나로 하여금 ~하도록 하라'는 말로 동사원형과 함께 사용되었습니다.

A Ich habe mir in den Finger geschnitten.

B Lass mich mal sehen. Mmh, ein Pflaster wird reichen.

A 나 손을 베였어.

B 어디 보여줘 봐. 음, 반창고 붙이면 되겠다.

• Es tut sich nichts.
별일 없어.

es tut sich etwas/nichts는 '어떤 일이 일어나다/아무 일도 일어나지 않다'라는 의미를 갖습니다. 기계가 아무 일도 안 일어나면 기기상의 문제가 있는 것이고, 사람과의 관계는 아무 일도 없거나 혹은 아무 소식도 없다는 뜻입니다.

A Wie läuft es mit dir und Dominik?

B Es tut sich nichts.

A 너랑 도미닉 서로 잘 지내?

B 딱히 별일 없어.

 단어 및 표현

abgeben 제출하다   die Abgabe 제출   sich schneiden 베이다   das Pflaster 반창고   reichen 충분하다

Tag 087

Können wir unser Treffen verschieben?

약속 미뤄도 될까?

유사표현 · **Können wir umplanen?** 계획을 바꿔도 될까?
· **Wir müssen den Termin verschieben.** 약속을 연기해야 합니다.

A Es tut mir leid, aber ich kann morgen leider doch nicht.

B Aber morgen *wollten wir doch ins Museum gehen.

A Mir ist etwas dazwischen gekommen. Können wir unser Treffen verschieben?

B Wie sieht es denn übermorgen bei dir aus?

A Übermorgen passt mir gut.

A 미안한데, 내일 못 갈 것 같은데 어쩌지.
B 내일 우리 박물관 가기로 했잖아.
A 그 사이에 무슨 일이 생겼어. 약속 미뤄도 괜찮을까?
B 모레는 어때?
A 모레 좋아.

✏️ **단어 및 표현**

verschieben 미루다, 옮기다 **umplanen** 스케줄을 변경하다 **leider** 유감스럽게도 **das Museum** 박물관 **dazwischen** 그 사이에 **das Treffen** 만남, 모임 **übermorgen** 모레 **aussehen** ~처럼 보이다 **passen** 맞다, 어울리다

양소보팁 화법조동사 wollen은 미래 계획에 대해 표현 합니다. 과거형 wollten은 '~하려고 했다'는 의미가 됩니다.

206

- ## Ich kann leider doch nicht.
  못 할 거 같은데 어쩌지.

A Du hilfst mir morgen beim Umzug, ja?

B Sorry. Aber ich kann morgen leider doch nicht.

A 내일 나 이사하는 거 도와주는 거 맞지?
B 미안. 못 할 거 같은데 어쩌지.

- ## Mir ist etwas dazwischen gekommen.
  그간 무슨 일이 생겼어.

A Warum bist du nicht hier auf der Party?

B Mir ist leider etwas dazwischen gekommen.

A 왜 파티에 안 왔어?
B 슬프게도 그간 무슨 일이 생겼어.

- ## Wie sieht es bei dir aus?
  너는 어때?

A Ich habe die ganze Woche frei.
   Wie sieht es bei dir aus?

B Ich habe erst ab nächster Woche frei.

A 나 일주일 내내 쉬어. 너는 어때?
B 난 다음 주부터 쉬어.

 단어 및 표현

der Umzug 이사 die Party 파티 ganz 전체의 frei 자유로운 erst 단지, 겨우 ab ~부터

Tag 088

Sie ist seit vorgestern erkältet.

그저께부터 감기에 걸렸어.

유사표현
- Es geht ihr seit ein paar Tagen nicht gut. 그녀는 며칠째 좋지 않아.
- Sie liegt schon ein paar Tage im Bett. 벌써 며칠간 침대에 누워있어.

A Ist Leah immer noch krank?

B Ja. *Sie ist seit vorgestern erkältet.

A Hat sie nicht bald ihre Abschlussprüfung?

B Genau. In fünf Tagen ist die Prüfung.

A Es bleibt ihr nicht mehr viel Zeit.

B Wir können nur auf das Beste hoffen.

A 레아가 아직도 아파?
B 응. 그저께부터 감기래.
A 졸업시험이 곧 있지 않나?
B 맞아. 5일 뒤에 시험이 있어.
A 그녀에게 더는 시간이 없네.
B 잘 되길 바랄 수밖에.

단어 및 표현

vorgestern 그저께 erkältet 감기에 걸린 ein paar 몇몇의 liegen 누워있다 das Bett 침대 krank
아픈 bald 곧 die Abschlussprüfung 졸업시험 die Prüfung 시험 bleiben 머무르다 das Beste
가장 좋은 것 hoffen 바라다

왕초보팁 sich erkälten 동사에 유의하여 다음 표현을 비교해보세요.
→ Ich habe mich vorgestern erkältet.(지금도 아픔) / Ich war vorgestern erkältet.(지금은 괜찮음)

• In fünf Tagen ist die Prüfung.
5일 뒤에 시험이 있어.

A Wann ist deine Abiturprüfung?

B In fünf Tagen ist die Prüfung.

A 아비투어 시험이 언제야?
B 5일 뒤에 시험이야.

> 전치사 in은 '~뒤에'라는 시간을
> 나타냅니다. 전치사 nach를
> 쓰지 않도록 주의하세요.

• Es bleibt ihr nicht mehr viel Zeit.
그녀에게 더는 시간이 없네.

A Margarete muss ihre Arbeit bis zum 15. einreichen.

B Es bleibt ihr nicht mehr viel Zeit.

A 마가레테는 15일까지 과제를 제출해야 해.
B 그녀에게 더는 시간이 없네.

> 그녀의 시간이 없는 것이므로
> ihr(Dativ)를 사용했습니다.
> 나 자신에게 시간이 없다면
> mir 쓰면 됩니다.

• Wir können nur auf das Beste hoffen.
잘 되길 바랄 수밖에.

A Hat sich sein Zustand verbessert?

B **Noch nicht.** Wir können nur auf das Beste hoffen.

A 그의 상태가 나아졌나?
B 아직. 잘 되길 바랄 수밖에.

> auf das Beste hoffen이란 표현은
> 최고의 것을 희망한다는 표현으로,
> 질병이나 시험 앞에서 모든 것이 잘
> 해결되길 바랄 때 쓰는 표현입니다.

 단어 및 표현

die Abiturprüfung 아비투어 시험   einreichen 제출하다   sich verbessern 개선되다

Tag
089

Heute werden es
29 Grad!

오늘 29도야!

유사표현 · **Heute wird es richtig heiß.** 오늘 정말 덥네.
· **Heute wird es sehr sonnig.** 오늘 해가 많이 나네.

A Hast du den Wetterbericht gesehen?

B Ja. Heute werden *es 29 Grad!

A **Richtiges Sommerwetter.** Sollen wir ins Schwimmbad gehen?

B Gerne. Übrigens, ab Donnerstag soll es regnen.

A **Lass uns das gute Wetter nutzen.**

B Na dann los!

A 일기예보 봤어?
B 응. 오늘 29도래!
A 완전 여름 날씨네. 수영장 갈래?
B 좋지. 아 참, 목요일부터 비가 온대.
A 좋은 날씨를 즐기자.
B 가자 그럼!

단어 및 표현

das Grad 도(°) heiß 더운 sonnig 해가 나는 der Wetterbericht 일기예보 das Sommerwetter 여름 날씨 das Schwimmbad 수영장 regnen 비가 오다 das Wetter 날씨 nutzen 이용하다

왕초보팁 기온을 표현할 때 사용된 가주어 es와 상관없이 기온을 나타내는 숫자가 복수라면 동사 역시 3인칭 복수로 표현해야 합니다.

210

- ## Richtiges Sommerwetter.
  완전 여름 날씨네.

A Keine Wolke am Himmel und heller Sonnenschein.

B Richtiges Sommerwetter. Lass uns Eis essen gehen.

A 하늘에 구름도 없고 화창하네.
B 완전 여름 날씨지. 아이스크림 먹으러 가자.

- ## Es soll regnen.
  비가 온대.

> 화법조동사 sollen은 남에게 들은
> 소문 등을 표현할 때 사용합니다.

A Hast du den Wetterbericht gesehen?

B Ja. Morgen soll es regnen.

A 일기예보 봤어?
B 응. 내일 비 온대.

- ## Lass uns das gute Wetter nutzen.
  좋은 날씨를 즐기자.

A Im Moment scheint die Sonne.

B Lass uns das gute Wetter nutzen und joggen gehen.

A 지금은 해가 나네.
B 좋은 날씨 즐길 겸 조깅하러 가자.

 단어 및 표현

die Wolke 구름   der Himmel 하늘   hell 밝은   der Sonnenschein 햇빛   das Eis 아이스크림   die
Sonne 해   joggen 조깅하다

Tag 090

Ich muss mein Zimmer aufräumen.

방을 치워야 해.

유사표현 · Ich muss sauber machen. 청소해야 해.
· Ich muss Ordnung machen. 정리해야 해.

A Ich muss mein Zimmer aufräumen.

B Auf einmal? Warum so plötzlich?

A Meine Mutter kommt heute Abend aus dem Urlaub zurück. Du musst mir helfen! Alleine schaffe ich es nicht.

B Okay. Aber *dafür musst du mich zum Essen einladen.

A 난 내 방을 치워야 해.
B 갑자기? 왜 이렇게 갑자기?
A 오늘 저녁 엄마가 휴가에서 돌아와. 네가 도와줘야 해! 나 혼자서는 못 해.
B 알겠어. 하지만 그 대신 밥 사야 해.

✏️ 단어 및 표현

aufräumen 치우다   sauber 깨끗한   die Ordnung 질서   auf einmal 갑자기; 한 번에   plötzlich 갑자기
zurückkommen 돌아오다   schaffen 해내다; 만들다   zum Essen einladen 식사 초대하다

왕초보팁 dafür는 'da+für'로 '그것에 대해', '그것을 위해'라는 의미입니다. 여기서는 '방을 치우는 것에 대해서(그에 대한 대가로)'의 의미로 쓰였습니다.

212

• Warum so plötzlich?
왜 이렇게 갑자기?

A Ich will sofort morgen nach Frankfurt fahren.

B Bitte? Warum so plötzlich?

A 나 내일 바로 프랑크푸르트로 갈 거야.
B 뭐라고? 왜 이렇게 갑자기?

• Alleine schaffe ich es nicht.
혼자서는 못 해.

동사 schaffen은
'만들다'라는 의미 외에도
'해내다'라는 의미가
있습니다.

A Alleine schaffe ich es nicht. Bitte hilf mir.

B Na klar. Dafür sind Freunde doch da.

A 이거 혼자서는 못 해. 나 좀 도와줘.
B 아 알겠어. 그러려고 친구들이 여기 있는 거잖아.

• Dafür musst du mich zum Essen einladen.
그 대신 밥 사야 해.

A Kannst du mein Fahrrad von der
Werkstatt abholen?

B Mache ich. Dafür musst du mich
zum Essen einladen.

zum Essen einladen은 '식사에
초대하다'라는 의미이므로,
한국어의 '밥 사'라는 말의 뉘앙스와
비슷한 표현이 됩니다.

A 수리센터에 있는 내 자전거 좀 가져다줄 수 있어?
B 그럴게. 그 대신 밥 사야 해.

 단어 및 표현

sofort 곧바로, 즉각   das Fahrrad 자전거   die Werkstatt 공장, 작업장   abholen 가져오다

Tag 091

Du musst jetzt stark sein.
잘 지내야 해.

유사표현
- Du musst durchhalten. 끝까지 견뎌야 해.
- Du musst nicht traurig sein. 슬퍼하지 마.

A   **Ich werde dich** ganz doll **vermissen!**

B   *Ich dich auch. Aber wir sehen uns bestimmt wieder.

A   **Bist du sicher?**

B   Ja. Du musst jetzt stark sein.

A   Ich verstehe... Bleib gesund und **vergiss mich nicht.**

B   Auf keinen Fall. Auf Wiedersehen!

A   네가 너무 그리울 거야!
B   나도. 하지만 우린 꼭 다시 볼 거야.
A   확실해?
B   그럼. 잘 지내야 해.
A   알겠어... 건강하게 지내고 날 잊지 마.
B   절대 안 그럴게. 잘 가!

단어 및 표현

stark 강한 durchhalten 견디다 traurig 슬픈 vermissen 그리워하다 bestimmt 틀림없는 sicher 확실한 verstehen 이해하다 gesund 건강한 vergessen 잊다 Auf Wiedersehen! 안녕!

왕초보팁 Ich dich auch.와 같이 반복되는 말을 다 할 필요 없이 생략하여 표현할 수 있습니다.

• Ich werde dich vermissen!

네가 그리울 거야!

A Danke für die Hilfe beim Umzug.

B Ich werde dich **so** vermissen!
Komm bald zu Besuch.

A 이사 도와줘서 고마워.
B 네가 그리울 거야! 곧 보러 와.

> 곧 헤어지는 상황에서 미래에
> 그리워할 것임을 표현하기 위해
> 미래형(werden＋동사원형)으로
> 표현하였습니다. 미래형은 추측할
> 때 주로 사용합니다.

• Bist du sicher?

확실해?

A Ich habe heute Morgen George Clooney gesehen.

B Bist du sicher? Hast du nicht nur deine Brille vergessen?

A 나 오늘 아침에 조지 클루니 봤어.
B 확실해? 그냥 안경을 깜빡했던 건 아니고?

• Vergiss mich nicht.

날 잊지 마.

A Du gehst heute zurück nach
Deutschland? Vergiss mich nicht.

B Niemals!

A 오늘 다시 독일로 돌아가는 거야? 날 잊지 마.
B 절대로!

> 동사 vergessen의 명령법
> 형태입니다. 현재형 불규칙
> 동사(du vergisst)이므로
> vergiss기 되었습니다.

 단어 및 표현

der Umzug 이사   **der Besuch** 방문   **sehen** 보다   **die Brille** 안경   **niemals** 결코 ～이 아닌

Tag 092
Niemand darf es wissen.
아무도 알아선 안 돼.

유사표현
- Er soll es für sich behalten. 그는 그걸 비밀로 해야 해.
- Gib keinen Mucks von dir! 아무 소리도 내지 매!

A   Und? Dürfen wir die Überraschungsparty in deinem Haus machen?

B   Ja, **meine Eltern haben es erlaubt.**

A   Super. Dann kümmern wir uns um das Essen.

B   Aber *niemand darf es wissen.

A   **Weiß ich doch.** Darf ich noch zwei Freunde mitbringen?

B   Klar. **Je mehr, desto besser.**

A   그래서? 너희 집에서 깜짝파티 열어도 되는 거야?
B   응, 부모님께서 허락하셨어.
A   최고다. 그럼 음식을 준비하자.
B   그런데 아무도 알면 안 돼.
A   나도 알지. 내 친구 둘도 데려가도 될까?
B   그럼. 많으면 많을수록 좋지.

단어 및 표현

niemand 아무도 ~아닌   die Überraschungsparty 깜짝파티   erlauben 허락하다   sich kümmern um ~에 신경 쓰다   mitbringen 데려가다   je... desto ~ ~할수록 ...한   mehr 더 많은

왕초보팁 niemand는 불특정한 그 누구도 아니라는 표현이며 반대말로는 jemand가 있습니다.

- ## Meine Eltern haben es erlaubt.
부모님께서 허락하셨어.

A Du hast einen Hamster bekommen?

B Ja. Meine Eltern haben es erlaubt.

A 너 햄스터가 생겼네?
B 응. 부모님께서 허락하셨어.

> 동사 erlauben은 허락이나
> 허가를 표현합니다. 허락의 주체가
> 중요하지 않고 허락이 내용만이
> 중요한 경우 sein 동사와 함께 써서
> 다음과 같이 표현합니다.
>
> Die Party ist erlaubt.
> 그 파티는 허락된 것이다.

- ## Weiß ich doch.
나도 알아.

A Du darfst nicht zu spät kommen.
Und bring 5 Euro mit.

B Weiß ich doch.

A 너무 늦게 오면 안 돼. 그리고 5유로로 지참해야 해.
B 나도 알아.

- ## Je mehr, desto besser.
많으면 많을수록 좋지.

A Wie viele Geschenke soll ich vorbereiten?

B Je mehr, desto besser.

A 선물을 얼마나 많이 준비해야 해?
B 많으면 많을수록 좋지.

> 'je + 비교급, desto + 비교급'
> (~할수록 더욱 ~하다) 표현입니다.

 단어 및 표현

der Hamster 햄스터 das Geschenk 선물 vorbereiten 준비하다

Tag 093

Soll ich sie anrufen?

내가 그녀에게 전화할까?

유사표현 · **Sollte ich sie anrufen?** 내가 그녀에게 전화할까?
· **Was soll ich machen?** 내가 뭘 해야 할까?

A **Olivia hat mir ihre Handynummer gegeben.**

B **Wow! Sie steht total auf dich!**

A ***Meinst du? Soll ich sie anrufen?**

B **Natürlich sollst du das! Los, mach schon!**

A **Aber ich bin aufgeregt.**

B **Du musst nicht nervös sein. Ich drück dir die Daumen.**

A 올리비아가 나한테 핸드폰 번호를 줬어.
B 우와! 걔가 널 아주 좋아하나 봐!
A 그렇게 생각해? 전화해 볼까?
B 당연히 전화해야지! 자, 어서 해!
A 그렇지만 너무 떨리는걸.
B 초조해하지 마. 행운을 빌게.

단어 및 표현

anrufen 전화하다　**die Handynummer** 핸드폰 번호　**geben** 주다　**stehen** 서 있다　**meinen** 생각하다
aufgeregt 긴장되는　**nervös** 신경이 쓰이는

왕초보팁 **Meinst du?** 는 목적어 및 목적절을 생략한 문장으로, 앞 문장에서 언급한 내용 전체에 대해 그렇게 생각하냐는 질문입니다.

• Sie steht total auf dich!
개가 널 아주 좋아하나 봐!

A Ich glaube, Julia flirtet mit mir.
B Ja man! Sie steht total auf dich!

A 율리아가 나한테 치근덕대는 거 같아.
B 그니까! 걔가 널 아주 좋아하나 봐!

> 동사 stehen이 전치사 auf와
> 함께 쓰이면 '~에게 빠지다',
> '~를 사랑하다'라는 의미가
> 됩니다. Ja man에서의 man은
> 의미가 없이 긍정을 다소 강조한
> 표현입니다.

• Los, mach schon!
자, 어서 해!

A Los, mach schon! Wir kommen sonst zu spät.
B Ich mach ja schon!

A 자, 어서 해! 그렇지 않으면 우리 너무 늦어.
B 이미 하고 있잖아!

• Du musst nicht nervös sein.
초조해하지 마.

A Ich bin wegen der Aufführung ganz aufgeregt.
B Du musst nicht nervös sein. Du schaffst das.

A 공연 때문에 너무 긴장돼.
B 초조해하지 마. 넌 잘 해낼 거야.

 단어 및 표현

flirten 치근덕대다   sonst 그렇지 않으면   wegen ~ 때문에   die Aufführung 공연, 상연

Tag
094
Ich habe in Japan gewohnt.
난 일본에 살았었어.

유사표현 · Ich habe in Neuseeland gelebt. 난 뉴질랜드에 살았었어.
· Ich habe einige Zeit in den USA verbracht.
난 얼마간 미국에서 시간을 보냈어.

A Ich will eine Reise nach Japan machen.

B *Vielleicht kann ich dir Tipps geben. Ich habe in Japan gewohnt.

A Warum hast du in Japan gewohnt?

B Mein Vater hat dort gearbeitet.

A Du hast dort eine tolle Zeit verbracht, oder?

B Ich kann mich nicht gut erinnern. Aber ich habe viel Spaß gehabt.

A 일본으로 여행 갈 거야.
B 내가 팁을 줄 수도 있을 거 같아. 내가 일본에 살았었거든.
A 왜 일본에 살았었어?
B 아빠가 거기에서 일하셨어.
A 정말 좋았겠다, 그렇지?
B 기억은 잘 안 나. 하지만 재미있었지.

✏️ 단어 및 표현

wohnen 살다 einige 몇몇의 verbringen 시간을 보내다 die Reise 여행 vielleicht 아마도 der Tipp 팁 arbeiten 일하다 sich erinnern 기억하다 der Spaß 재미

왕초보팁 부사 vielleicht(아마도, 어쩌면)가 포함된 문장은 해당 사실에 대한 확실성을 줄여줍니다.

- ## Vielleicht kann ich dir Tipps geben.
  내가 팁을 줄 수도 있을 거 같아.

A Was soll ich mit meinem ersten Gehalt machen?

B Vielleicht kann ich dir **ein paar** Tipps geben.
Eine Reise ist die beste Entscheidung!

A 첫 월급으로 뭘 하면 좋을까?
B 내가 팁을 줄 수도 있을 거 같아. 여행이 최고의 선택이야!

- ## Mein Vater hat dort gearbeitet.
  아빠가 거기에서 일하셨어.

A Warum weißt du so viel über Samsung?

B Mein Vater hat dort gearbeitet.

> 만약 회사명 등을 함께 말하고
> 싶다면 전치사 bei 혹은 in 등을
> 사용할 수 있습니다.
>
> Sie hat bei Samsung gearbeitet.
> 그녀는 삼성에서 일했었어.

A 삼성에 대해서 어떻게 그렇게 잘 알아?
B 아빠가 거기에서 일하셨어.

- ## Ich kann mich nicht gut erinnern.
  기억이 잘 안 나.

A Wie war der Name von deinem ersten Haustier?

B Ich kann mich nicht gut erinnern.

A 처음 키웠던 반려동물의 이름이 뭐였어?
B 기억이 잘 안 나.

 단어 및 표현

erst- 첫 번째의 das Gehalt 월급 die Entscheidung 결정 bestimmt 분명한 über ~에 관하여

223

Tag 095
Vergiss es.
괜찮아.

유사표현
- Gern geschehen. 천만에.
- Aber immer doch. 언제든지.

A **Hast du schon einmal einen Kuchen gebacken?**

B **Ja, das habe ich schon oft gemacht. Wieso?**

A **Ich habe Damian einen Kuchen versprochen. Aber ich habe noch nie einen Ofen benutzt.**

B **Ich helfe dir. Zu zweit geht das im Nu.**

A **Danke! Dir backe ich auch *einen Kuchen.**

B **Ach, vergiss es.**

A 케이크 만들어본 적 있어?
B 응, 꽤 자주 만들어 봤지. 왜?
A 다미안에게 케이크를 만들어준다고 약속했거든. 그런데 나는 오븐을 써본 적이 없어.
B 내가 도와줄게. 둘이 하면 빨리 될 거야.
A 고마워! 너한테도 케이크 만들어줄게.
B 에이, 괜찮아.

✏️ **단어 및 표현**

vergessen 잊다 der Kuchen 케이크 backen 굽다 wieso 어째서 versprochen 약속하다 der Ofen 오븐 benutzen 이용하다 zu zweit 둘이서 im Nu 짧은 순간에

왕초보팁 부정관사 ein은 관련 명사가 특정화되지 않았음을 표현해주며 정관사는 이미 그 명사가 언급되었을 때 사용할 수 있습니다.

• Das habe ich schon oft gemacht.
자주 해봤어.

A Ich will mir die Nägel lackieren.

B Das habe ich schon oft gemacht.
Ich helfe dir.

A 나 손톱에 매니큐어 하려고.
B 그건 내가 자주 해봤지. 내가 도와줄게.

> 부사 schon은 기대된 시점보다 더
> 이른 경우에 사용합니다. 기대된 것보다
> 더 늦은 경우에는 다음과 같이 부사
> noch를 nicht와 함께 사용합니다.
>
> Das habe ich noch nicht gemacht.
> 그건 아직 안 해봤어.

• Ich habe Damian einen Kuchen versprochen.
다미안에게 케이크를 만들어준다고 약속했어.

A Ich habe Damian zum Geburtstag einen Kuchen versprochen.

B Lass ihn uns zusammen backen.

A 다미안에게 생일선물로 케이크를 만들어준다고 약속했어.
B 같이 만들어보자.

• Zu zweit geht das im Nu.
둘이 하면 빨리 될 거야.

A Wie soll ich nur die ganze Wohnung aufräumen?

B Zu zweit geht das im Nu.

A 대체 나 혼자 어떻게 방 전체를 치우지?
B 둘이 하면 빨리할 수 있어.

 단어 및 표현

die Nägel 손톱   lackieren 칠하다   aufräumen 치우다

Tag 096

Guten Rutsch ins neue Jahr!

새해 복 많이 받아!

유사표현 • **Guten Rutsch!** 새해 복 많이 받으세요!
• **Frohes Neues (Jahr)!** 새해 복 많이 받으세요!

A Guten Rutsch ins neue Jahr!

B Guten Rutsch!

A Übrigens, **herzlichen Glückwunsch zur Beförderung.**

B Vielen Dank. **Auf das neue Jahr!**

A *Pass auf, der Countdown! 3, 2, 1... Frohes Neues!

B **Frohes neues Jahr!**

A 새해 복 많이 받아!
B 복 많이 받아!
A 아 참, 승진 축하해.
B 고마워. 새해를 위하여!
A 잘 봐, 카운트다운한다! 3, 2, 1... 새해 복 많이 받아!
B 새해 복 많이 받아!

단어 및 표현

der Rutsch 미끄러짐 **das Jahr** 해, 년 **froh** 기쁜 **übrigens** 그런데; 그밖에 **der Glückwunsch** 축하
die Beförderung 승진 **der Countdown** 카운트다운

왕초보팁 Pass auf는 주의하라는 뜻도 있지만, 여기서처럼 자세히 보거나 들으라는 주의 환기용 표현으로도 쓰입니다.

 **Mini Dialog**

- **Herzlichen Glückwunsch zur Beförderung.**
  승진 축하해.

A Herzlichen Glückwunsch zur Beförderung.

B Danke. Und gratuliere dir zum Abitur.

A 승진 축하해.
B 고마워. 아비투어 시험 합격 축하해.

- **Auf das neue Jahr!**
  새해를 위하여!

A Lass uns anstoßen!

B Auf das neue Jahr!

A 건배하자!
B 새해를 위하여!

> 건배의 내용 및 대상은
> '전치사 auf + 4격(Akkusativ)'를
> 사용합니다.

- **Frohes neues Jahr!**
  새해 복 많이 받아!

A Frohes neues Jahr! Hattest du schöne Feiertage?

B Frohes Neues. Ja, ich habe mich gut entspannt.

A 새해 복 많이 받아! 휴가는 잘 보냈어?
B 새해 복 많이 받아. 응. 너무 잘 쉬었어.

 단어 및 표현

gratulieren 축하하다   das Abitur 고등학교 졸업시험   anstoßen (잔을) 부딪치다   der Feiertag 휴일
sich entspannen 쉬다

Tag 097

Sie hat langes blondes Haar.

그녀는 긴 금발이야.

유사표현
· Sie hat lange blonde Haare. 긴 금발이야.
· Ihr Haar ist lang und blond. 그녀의 머리카락은 길고 금발이야.

A **Wie sieht deine Cousine aus?**

B **Sie hat *langes blondes Haar.**

A **Ist sie klein?**

B **Nein. Sie ist größer als ich.**

A **Ich würde sie gerne einmal kennenlernen.**

B **Du wirst sie mögen. Ihr Lachen klingt wie Musik.**

A 네 사촌은 어떻게 생겼어?
B 긴 금발이야.
A 키는 작아?
B 아니. 나보다 키가 커.
A 언제 한번 봤으면 좋겠다.
B 분명 그녀를 좋아할 거야. 웃음소리가 꼭 음악 같거든.

✏️ **단어 및 표현**

lang 긴 blond 금발의 das Haar 머리털 die Cousine 사촌(여) groß 큰, 높은 kennenlernen
(처음) 알다 mögen 좋아하다 das Lachen 웃음 klingen ~처럼 들리다

왕초보팁 짧은 머리카락은 형용사 kurz를 사용합니다.

228

• Sie ist größer als ich.

그녀는 나보다 키가 커.

A Wie sieht deine Cousine aus?

B Sie ist mir sehr ähnlich. Aber sie ist größer als ich.

형용사 groß는 klein과 함께
키를 표현합니다. 여기서 사용된
größer는 비교급이며 함께 사용된
als는 비교의 대상을 표현해줍니다.
비교 대상과 비교 주체의 격은
일치시켜야 함을 주의하세요.

A 네 사촌은 어떻게 생겼어?
B 나랑 많이 닮았어. 하지만 나보다 키가 커.

• Ich würde sie gerne einmal kennenlernen.

언제 한번 봤으면 좋겠다.

A Meine Großmutter ist sehr liebevoll und klug.

B Ich würde sie gerne einmal kennenlernen.

'würden+동사원형'은 접속법
2식 표현으로 gerne와 함께 쓰여
바람이나 꿈을 표현합니다.

A 우리 할머니는 다정하시고 현명하셔.
B 언제 한번 봤으면 좋겠다.

• Du wirst sie mögen.

분명 그녀를 좋아할 거야.

A Heute lernst du meine Mitbewohnerin kennen. Du wirst sie mögen.

B Ich glaube auch. Ich habe nur Gutes über sie gehört.

미래형 표현인
'werden+동사원형'을
통해 추측을 표현합니다.

A 오늘 네가 내 룸메이트랑 만나잖아. 분명 그녀를 좋아할 거야.
B 나도 그렇게 생각해. 그녀에 대해서 항상 좋은 이야기만 들었는걸.

단어 및 표현

aussehen ~처럼 보이다   ähnlich 닮은   die Großmutter 할머니   liebevoll 다정한   klug 현명한   die Mitbewohnerin 동거인(여)   Gutes 좋은 것

Tag 098

Sie scheint glücklich zu sein.

그녀는 행복해 보여.

유사표현　· Sie sieht glücklich aus. 그녀는 행복해 보여.
· Sie wirkt freundlich. 그녀는 친절해 보여.

A　**Siehst du die Frau dort?**

B　Die mit dem Sonnenhut?

A　Nein, **die im blauen Kleid.**

B　Ach, dort drüben an der Ampel?

A　Ja. Sie *scheint glücklich zu sein.

B　Stimmt. **Vielleicht ist ihr etwas Schönes passiert.**

A　저기 저 여자 보여?
B　차양 모자 쓴 여자?
A　아니, 파란 원피스를 입고 있는 여자.
B　아, 저 너머 신호등에?
A　응. 저 사람 행복해 보이네.
B　맞아. 그녀에게 좋은 일이 있었나 보네.

✏️ **단어 및 표현**

scheinen ~처럼 보이다　glücklich 행복한　wirken 느낌을 주다　der Sonnenhut 차양모자　das Kleid 원피스　drüben 저쪽에　die Ampel 신호등　stimmen 맞다

왕초보팁　동사 scheinen은 '~처럼 보인다'라는 뜻뿐만 아니라 '(해가) 빛난다'라는 뜻도 가지고 있습니다.

- **Siehst du die Frau dort?**
  저기 저 여자 보여?

A Siehst du die Frau dort?

B Oh, sie hat tolle Klamotten.

A 저기 저 여자 보여?
B 오, 멋진 옷을 입고 있네.

- **Die im blauen Kleid.**
  파란 원피스를 입고 있는 여자.

A Meinst du diese Schauspielerin?

B Nein, nicht die. Die im blauen Kleid.

A 이 여배우 말하는 거야?
B 아니, 그 여자 말고. 파란 원피스를 입고 있는 여자.

> 이미 언급된 명사는 반복해서 쓰지 않고 생략할 수 있습니다. Die (Frau) im blauen Kleid. 이때 Die는 문법적으로 정관사가 아닌 지시대명사로 쓰이게 됩니다.

- **Vielleicht ist ihr etwas Schönes passiert.**
  그녀에게 좋은 일이 있었나 보네.

A Daniela ist heute sehr gut drauf.

B Vielleicht ist ihr etwas Schönes passiert.

A 다니엘라가 오늘 기분이 매우 좋아 보여.
B 그녀에게 좋은 일이 있었나 보네.

> 'etwas+형용사'를 통해 '어떤 ~한 것'을 표현할 수 있습니다. 이때 형용사는 명사화되며(첫 글자 대문자) 어미 -es를 붙여주어야 합니다.

 단어 및 표현

die Klamotten (복수) 옷   die Schauspielerin 배우(여)   drauf sein 기분이 ~하다

Tag 099

War meine Zahnbürste nicht blau?

내 칫솔이 파란색 아니었어?

유사표현
- **War das Fenster nicht auf?** 이 창문이 열려있지 않았나?
- **War das nicht mein Handy?** 이거 내 핸드폰 아니었어?

A   Hä? War meine Zahnbürste nicht blau?

B   Ja. Denn *das da ist nicht deine Zahnbürste. Igitt.

A   Wieso igitt? Als Pärchen können wir doch mal die gleiche Zahnbürste benutzen.

B   Aber das ist weder deine noch meine. Felix hat heute hier übernachtet...

A   Ich habe aus Versehen seine benutzt?

A   으잉? 내 칫솔이 파란색 아니었어?
B   맞아. 그건 네 칫솔이 아닌데. 웩.
A   뭐가 웩이야? 부부끼리 같은 칫솔 쓸 수도 있는 거지.
B   그렇지만 그건 네 것도 내 것도 아니야. 펠릭스가 오늘 여기서 자는데...
A   내가 실수로 그걸 썼다고?

 단어 및 표현

die Zahnbürste 칫솔   auf sein 열려 있다   das Handy 핸드폰   igitt (혐오의 감탄사) 우웩   das Pärchen 부부, 연인   weder... noch~ ...도 ~도 아닌   übernachten 숙박하다   das Versehen 실수, 잘못

왕초보팁   das da(여기/저기 있는 그거)는 눈앞에 보이는 어떤 사물을 가리키며 쓰는 말입니다. 빵집 등에서 정확한 이름을 모를 때도 사용할 수 있는 표현입니다.

232

 **Mini Dialog**

• Igitt.
웩.

A Heute gibt es Paprika zu essen.

B Igitt. Ich hasse Paprika.

A 오늘은 먹을 건 파프리카야

B 웩. 난 파프리카 싫어.

• Das ist weder deine noch meine.
그건 네 것도 내 것도 아니야.

A Ist diese Torte für mich oder für dich?

B Das ist weder deine noch meine.
Sie ist für Stefanie.

A 이 케이크 내 거야 아니면 네 거야?

B 니 것도 아니고 내 것도 아니야. 그거 슈테파니를 위한 거야.

> weder..., noch~는 두 가지 모두를 부정할 때 사용합니다. 소유관사 meine, deine 등도 이미 언급된 명사를 생략하여 사용할 수 있습니다.

• Ich habe aus Versehen seine benutzt?
내가 실수로 그걸 쓴 거야?

A Ich glaube, du hast gerade die Tasse von Jan benutzt.

B Ich habe aus Versehen seine benutzt?

A 너 방금 얀의 잔을 쓴 것 같아.

B 내가 실수로 그걸 썼다고?

 단어 및 표현

es gibt ~이 있다   die Paprika 파프리카   hassen 싫어하다   die Torte 케이크, 파이   die Tasse 잔

Tag 100

Du machst mich stolz.

네가 자랑스러워.

유사표현
· **Ich bin stolz auf dich.** 난 네가 자랑스럽다.
· **Du machst mich glücklich.** 네가 나를 행복하게 해주는구나.

A **Endlich geschafft!** Ich habe mein Projekt beendet.

B Gratuliere! Du machst mich stolz.

A **Alles dank dir.** Ich habe fast aufgegeben.

B Ach was. Ich *wusste, **du bekommst das hin.**

A Vielen Dank für deine Unterstützung.

B Gern geschehen.

A   드디어 해냈어! 프로젝트를 끝냈어.
B   축하해! 네가 자랑스러워.
A   모든 게 네 덕분이야. 나 거의 포기했었는데.
B   에이 무슨. 난 네가 끝까지 해낼 줄 알았어.
A   응원해줘서 고마워.
B   천만에.

 단어 및 표현

stolz 자랑스러운   endlich 마침내, 최후에   das Projekt 프로젝트   beenden 끝내다   dank ~덕분에
aufgeben 포기하다   hinbekommen 해내다, 끝마치다   die Unterstützung 지원, 후원

왕초보팁 동사 wissen의 과거형 wusste는 구어체에서도 자주 사용합니다.

• Endlich geschafft!
드디어 해냈어!

A Endlich geschafft! Meine Masterarbeit ist fertig.

B Gratulation. Lass uns das feiern.

A 드디어 해냈어! 내 석사 논문을 끝냈어.
B 축하해. 그걸로 축하 파티를 열자.

> 형용사 endlich(드디어)와 동사 schaffen의 과거분사(geschafft)를 함께 사용하여 어떠한 일을 끝까지 해내 마쳤음을 감탄하는 표현입니다.

• Alles dank dir.
전부 네 덕분이야.

A Du hast das so toll gemacht.

B Alles dank dir. Danke für deine Hilfe.

A 네가 이걸 정말 멋지게 해냈구나.
B 전부 네 덕분이야. 도와줘서 고마워.

> 전치사 dank는 3격(Dativ) 지배 전치사로, '~덕분에'라는 의미로 고마움을 표현할 수 있는 말입니다.

• Du bekommst das hin.
넌 그걸 해낼 거야.

A Ich habe etwas Angst vor meinem ersten Arbeitstag.

B Hab keine Angst. Du bekommst das hin.

A 첫 출근이 좀 걱정돼.
B 걱정하지 마. 넌 그걸 해낼 거야.

 단어 및 표현

die Masterarbeit 석사 논문   fertig 끝낸, 준비가 된   die Gratulation 축하   die Angst 두려움, 걱정
der Arbeitstag 근무일

독일어회화
100일의
기적